# 15 CONTES D'EUROPE

87, quai Panhard-et-Levassor – 75647 Paris Cedex 13
ISBN : 978-2-0812-8732-7

FRANÇOISE RACHMUHL

# 15 CONTES D'EUROPE

*Illustrations de Frédéric Sochard*

Flammarion Jeunesse

# Introduction

L'Europe... Vous entendez certainement beaucoup parler d'elle autour de vous. Mais l'Europe dont il s'agit dans les conversations et dans les médias n'est pas tout à fait celle qui vous offre ce bouquet de contes. Dans ce recueil, les pays de l'actuelle communauté européenne ne sont pas tous représentés, tandis que d'autres, qui n'en font pas partie, sont au contraire à l'honneur.

L'Europe dont il est question ici n'est ni politique ni économique. Elle est à la fois plus vaste et plus ancienne. Les contes recueillis viennent des frontières de l'Asie, par la Turquie et la Russie, ou bien des îles brumeuses qui sont à l'ouest du continent, de l'extrême nord de la Scandinavie ou des bords de la Méditerranée. Quant à leur histoire, si on suit leurs traces les plus anciennes, elle remonte aux premiers temps de l'humanité. Car les hommes ont toujours aimé raconter des histoires.

Autrefois ils se les racontaient le soir, à la veillée. Leurs grands-parents les leur avaient transmises. Ils y ajoutaient de temps à autre des détails de leur invention. Parfois un étranger qui se trouvait là disait : « Je connais cette histoire, pourtant ce n'est pas tout à fait la même... » et il prenait la parole à son tour. Des liens se tissaient ainsi d'un pays d'Europe à l'autre, au hasard des voyages et des guerres, et les contes passaient de bouche en bouche, toujours reconnaissables et toujours différents.

Vous avez sûrement déjà entendu l'histoire des trois petits cochons, celle du nigaud qui comprend tout de travers, celle de la femme qui réclame toujours davantage, ou bien celle de Jean-de-l'Ours, si fort, si courageux, descendu dans le Monde souterrain, pour y combattre des monstres et y délivrer des princesses... Eh bien vous retrouverez dans ce livre toutes ces histoires. Vous les reconnaîtrez, même si elles sont habillées de vêtements nouveaux, et vous en découvrirez bien d'autres.

Il n'y a plus de veillées aujourd'hui et la plupart des contes se seraient perdus, si des savants ne les avaient recueillis et transcrits dans des livres, à la fin du XIX^e^ siècle ou au début du XX^e^. C'est dans ces ouvrages que j'ai puisé la matière de ce recueil. J'ai fouillé dans les bibliothèques, chez les libraires et les bouquinistes, en France et à l'étranger, au cours de mes voyages.

Ce qui a présidé à mon choix, c'est le souci de la qualité, de la variété et de l'originalité. J'ai conservé les traits caractéristiques de chaque pays : le troll norvégien habite dans la montagne, au bord d'un étang ; en Estonie, pays de marins, la scène se passe sur et sous les eaux ; en Angleterre, la vieille dans sa bouteille rêve d'un cottage de briques typiquement britannique.

Pour adapter ces récits sans les affadir, je n'ai pas gommé leurs aspects rudes, violents ou cruels, ni, dans certains d'entre eux, le côté moralisateur. J'ai essayé de rendre la fantaisie, les détails saugrenus ou comiques, l'atmosphère d'étrangeté, la poésie, de garder le rythme, le ton, les formules, les refrains, tout ce qui fait la saveur du texte originel.

Bien qu'ils viennent de traditions différentes, ces contes présentent des points communs. Au pays des merveilles, les animaux parlent, trois et sept sont des chiffres magiques, ogres, dragons, sorcières ou fées peuvent survenir à tout moment, les héros surmontent des épreuves, les bons sont récompensés, les méchants punis.

L'action ne se déroule pas seulement sur la terre, mais dans l'univers entier. Les astres du ciel, les profondeurs de la mer, les grottes du monde souterrain ne sont pas de simples décors. Ils représentent des forces naturelles redoutables, toujours prêtes à déclencher des catastrophes – souvenir des premiers âges, quand l'homme ne savait pas se protéger du feu, du froid, du tonnerre.

Ainsi par les chemins de l'Europe, tantôt effrayants, tantôt aimables, toujours attirants, le conteur vous invite à le suivre. À vous maintenant de vous lancer à l'aventure...

Françoise Rachmuhl

# La truie maligne

*France*

*Voici un conte plein de malice, recueilli à la fin du siècle dernier, entre Poitiers et Limoges, de la bouche d'un paysan qui s'exprimait en patois. Adaptée en français moderne, cette histoire de bêtes qui se sauvent dans la forêt et y rencontrent le loup vous rappellera sûrement quelque chose...*

Il était une fois, dans une ferme du Poitou, une truie maligne. Ce qu'elle aimait par-dessus tout, c'était vagabonder du côté du ruisseau, à l'endroit où les femmes lavaient leur linge. L'herbe y était plus grasse et quand les lavandières avaient fini leur casse-croûte, la truie y trouvait toujours quelques bons restes.

Un jour qu'elle se promenait par là, elle vit venir le jars, zigzaguant dans l'herbe, l'air affolé.

— Qu'as-tu donc, mon pauvre jars ?

— Ah, ma pauvre truie, si tu savais... Je prenais mon bain tout en écoutant bavarder les femmes. Et devine ce qu'elles disaient...

« Moi, faisait la première, pour le repas de Carnaval, je sais ce que je mangerai. Mon coq est gros, il est bien ferme, il sera parfait.

Moi, disait la deuxième, j'ai pensé à ma truie. Ses gorets sont déjà grandelets et elle est bien grassouillette.

Moi, disait la troisième, c'est mon jars que je tuerai. » Alors j'ai pris mes jambes à mon cou et me voilà... Qu'est-ce qu'on peut faire ?

— Ce qu'on peut faire... Il n'y a pas une minute à perdre. Va prévenir le coq, dis-lui de prendre ses poussins. Va chercher tes petits, j'irai chercher les miens. Rendez-vous à la lisière de la forêt.

Ils se retrouvèrent tous à la lisière de la forêt et s'enfoncèrent sous les arbres. La truie marchait en tête, d'un bon pas, puis le coq, puis le jars. Au bout d'un moment, le jars tout essoufflé, entouré de ses oisons épuisés, dit :

— Ah, ma bonne truie... Je n'en peux plus, mes enfants non plus. Nous n'irons pas plus loin.

— Bon, dit la truie en s'arrêtant. Aide-moi à couper des branches et je vous construirai une cabane.

Aussitôt dit, aussitôt fait et la truie poursuivit son chemin avec le coq. Mais bientôt le coq dit sur un ton mourant :

— Ah, ma bonne truie. Je n'en peux plus, ni mes poussins non plus. Je n'irai pas plus loin.

— Bon, dit la truie. Aide-moi à couper des branches et je vous construirai une cabane.

Ce qu'elle fit, ensuite elle reprit son chemin avec ses gorets. Un peu plus tard, à son tour, elle se sentit fatiguée. Elle s'arrêta, coupa des branches, ramassa de la terre et de la mousse et construisit une cabane aux murs solides.

Elle n'avait pas plus tôt fini que le loup, sortant de sa sieste, décida de prendre un peu d'exercice dans le bois. Il aperçut les trois cabanes et se dirigea tout droit vers celle du jars. Ça sentait bon la volaille. Il souriait déjà en se retroussant les babines, mais il prit une voix lamentable pour parler.

— Qui que tu sois à l'intérieur de la cabane, ouvre-moi. Je suis gelé. Il fait si froid dehors.

— Que je t'ouvre ! répondit le jars. Tu n'y penses pas… Tu nous mangerais, moi et mes oisons.

— Ah, c'est le jars… Jars, si tu ne m'ouvres pas, je tousserai, me moucherai et pousserai, tes murs seront défoncés, toi et tes oisons serez dévorés.

— Je ne t'ouvrirai pas, vilaine bête !

Alors la vilaine bête fit ce qu'elle avait dit.

*Le loup tousse,*
*Il se mouche,*
*Il se couche*
*Sur le toit*
*Et il pousse*
*Fort, bien fort.*
*Les murs bombent,*
*Le toit tombe,*
*Tout s'effondre,*
*Jars est mort !*

Du jars et des oisons il ne resta que quelques plumes.

Le loup ensuite s'en alla en sifflotant, ventre à demi plein et mains dans les poches, vers la deuxième cabane, celle du coq.

Et là, même refrain :

— J'ai bien froid, j'ai trop froid, ouvre-moi.

— Je ne t'ouvrirai pas, vilaine bête. Fais ce que tu veux !

La vilaine bête fit ce qu'elle voulut.

*Le loup tousse,*

*Il se mouche,*
*Il se couche*
*Sur le toit*
*Et il pousse*
*Fort, très fort.*
*Les murs bombent,*
*Le toit tombe,*
*Tout s'effondre,*
*Coq est mort.*

Du coq et des poussins, le loup ne laissa que des plumes.

Enfin, il se dirigea vers la cabane de la truie.

— Truie, ma bonne truie, toi que j'entends grogner d'aise avec tes gorets, à l'intérieur de ta cabane... J'ai froid, j'ai si froid, je tremble... Ouvre-moi.

— Que je t'ouvre, merci bien ! Pour que tu nous manges, mes petits et moi !

— Si tu n'ouvres pas, je tousserai, me moucherai, pousserai, ta maison s'effondrera et vous passerez dans mon estomac.

— Eh bien tousse, mouche, pousse, vilaine bête ! Je ne t'ouvrirai pas.

La vilaine bête escalada les murs de la cabane.

*Le loup tousse,*
*Il se mouche,*
*Il se couche*
*Sur le toit*

*Et il pousse.*
*Rien ne tombe,*
*Rien ne bouge.*
*Le loup rage,*
*Il se fâche,*
*Il voit rouge.*
*Rien n'y fait.*
*Les gorets*
*Et la truie*
*Sont sauvés.*

La truie et ses petits étaient saufs pour le moment, mais le loup ne se tint pas pour battu.

Il revint le lendemain matin. Il avait changé de discours.

— Truie, ma bonne truie, sais-tu qu'il y a, à l'orée du bois, un verger plein de pommes ? Elles sont toutes rouges et personne pour les ramasser. Si nous y allions ensemble ?

— D'accord, mon compère. Retrouvons-nous sous le gros chêne, à trois heures, cet après-midi.

Dès midi, la truie sortit de sa cabane, sans faire de bruit, ses paniers aux bras. Elle regarda à droite, à gauche, pas de loup en vue. Elle galopa jusqu'au verger, ramassa le plus de pommes possible et rentra dans sa cabane. Ils se régalèrent, ses gorets et elle, et jetèrent dehors les trognons de pomme : ça faisait un joli tas.

À quatre heures, le loup arriva.

— Eh bien, ma commère, que s'est-il passé ? Tu n'es pas allée dans le verger ?

— Comment ça, je n'y suis pas allée !... Regarde donc ce tas de trognons. Ah, les bonnes pommes !... C'est toi qui n'étais pas au rendez-vous, mon cher loup !

Le loup pourtant revint, le lendemain matin.

— Je connais, dit-il à la truie à travers la porte, une vigne, à l'orée du bois. Elle est pleine de grappes mûres, bien noires. Si nous y allions ensemble, avant les vendangeurs ?

— D'accord, compère. Cet après-midi, à deux heures, sous le gros chêne ?

— Sous le gros chêne, entendu.

Le loup était à peine parti que la truie, vite, vite, prit ses paniers, se faufila entre les arbres jusqu'à la vigne, cueillit les raisins, rentra dans sa cabane, se régala avec ses gorets et jeta dehors tiges et pépins : ça faisait un joli tas.

À trois heures, le loup frappa.

— Truie, ma bonne truie, es-tu là ? Que s'est-il encore passé ? Je ne t'ai pas vue... Tu n'es pas venue ?

— Comment ça, je ne suis pas venue... Bien sûr que si. Si tu ne me crois pas, regarde devant toi ce tas de débris... Ah, le bon raisin !... C'est toi qui n'étais pas au rendez-vous, mon cher loup !

Le loup s'en alla, la tête basse, la mine renfrognée. Décidément cette truie était trop maligne pour lui.

Il fit cependant encore une tentative, le jour suivant.

— Truie, ma bonne truie, qu'est-ce que tu prépares pour le repas ? Je vois de la fumée sortir de ton toit... S'il te plaît, ouvre-moi, j'ai si faim, j'ai si froid !

— Bon, alors seulement pour cette fois... Entre et tiens-toi sage, loin de mes gorets.

Et la truie laissa le loup entrer.

Elle avait mis à bouillir sur le feu une grosse marmite pleine d'eau. Elle allait, elle venait dans sa cabane, faisait ses lits, balayait. Ses petits s'amusaient dans un coin.

Le loup demeurait immobile, mais il ne pouvait pas s'empêcher de jeter des coups d'œil sur les gorets, leur chair tendre, leur queue frétillante.

Il murmurait entre ses dents :

*« La queue en*
*Tire-bouchon*
*Du meilleur*
*Des cochons*
*Me fondrait*
*Dans la bouche. »*

— Maman, maman ! appela l'un des gorets, le loup parle de queue en tire-bouchon qui lui fondrait dans la bouche.

— Est-ce vrai, compère loup ?

— Bien sûr que non... Je disais... euh... je disais :

*Quand je tire*
*Le bouchon,*
*La liqueur*
*Du cruchon*
*Me soûle et*
*Je me couche.*

— Ah... ah... Ce ne sont pas des choses à dire devant des enfants ! Tu n'as pas honte ?

Le loup resta tranquille un moment, puis il se remit à marmonner :

*« La queue en*
*Tire-bouchon*
*Du meilleur*
*Des cochons... »*

— Maman, maman, appela l'un des gorets, le loup recommence à parler de queue en tire-bouchon.

— Pas du tout, protesta le loup, je parle... je parle du bouillon qui bout dans la marmite.

Et c'était vrai que l'eau de la marmite bouillait à gros bouillons.

— Il y a trop de vapeur, dit la truie. Je vais ouvrir la porte.

Elle sortit, mais rentra très vite et se tourna vers le loup, l'air épouvanté.

— Ah, mon pauvre loup... Tu n'entends rien ? Non ?... Tu dois être un peu dur d'oreille. Si tu savais ce qui vient par ici, tout droit vers ma cabane... Des chasseurs, des chiens, des gendarmes, et ils font un de ces vacarmes, et ils crient : Au loup ! Au loup !

— Ah non... non... Où me cacher ? Ma bonne truie, sauve-moi, je t'en prie.

— Où ?... J'ai une idée. Fourre-toi là-dedans. C'est une malle en osier. Je vais rabattre le couvercle. Personne ne saura t'y trouver.

Le loup obéit en tremblant. La truie empoigna la marmite, s'approcha de la malle et versa dessus l'eau bouillante.

— Aïe ! Aïe !

Le loup s'enfuit en hurlant. Il ne revint jamais plus.

La truie monta sur son toit et chanta :

*« Bon voyage,*
*Loup méchant*
*Qui voulait*
*Dévorer*
*Mes enfants !*
*Loup nigaud,*
*Roi des sots,*
*Va montrer*

*Aux passants*
*Ton visage*
*Tout bouillant ! »*

# LE MARI NIGAUD

*Portugal*

*L'histoire du nigaud qui veut bien faire, mais fait tout de travers, est connue dans bien des pays. D'ordinaire il s'agit d'une mère et d'un fils, cette fois d'une femme et de son mari.*

Il était une fois un mari nigaud, mais nigaud... Il croyait tout ce qu'on lui disait, il faisait tout ce qu'on lui commandait, sans réfléchir... Qu'est-ce que vous voulez, tout le monde ne peut pas être intelligent ! Sa femme l'aimait beaucoup malgré tout, parce que c'était un brave homme, pas méchant pour deux sous et toujours prêt à rendre service.

Un jour, elle l'envoya au marché de la ville voisine pour acheter deux douzaines d'aiguilles. Ce qu'il fit, sans se tromper. Sur le chemin du retour, il tenait précautionneusement ses aiguilles, une douzaine dans chaque main, quand il aperçut dans un pré un voisin qui rentrait son foin. L'orage menaçait, il fallait se dépêcher.

Notre homme avait bon cœur, il voulut aider le voisin. Mais que faire des aiguilles qui lui encombraient les mains ? « Je vais les poser dans le foin, je les reprendrai tout à l'heure », se dit-il. Ah bien oui ! Vous croyez, vous, que c'est facile de chercher des aiguilles dans une botte de foin ? Le brave homme ne retrouva rien et rentra, penaud, auprès de sa femme.

Il eut beau lui expliquer ce qui lui était arrivé, elle n'était pas contente du tout. Elle gronda :

— Tenir des aiguilles à la main... Les jeter dans une botte de foin... Gros bêta, c'est dans ta poche que tu aurais dû les mettre.

« Ah bon, se dit notre homme, dans ma poche... dans ma poche... C'est dans ma poche qu'il faut les mettre. » Ce qu'il fit le jour où sa femme l'envoya chez le forgeron acheter des crochets.

Les crochets déchirèrent la poche. La femme était très mécontente.

— Hein, qui va raccommoder ta poche ? C'est encore moi, bien sûr ! Aussi, on n'a pas idée... des crochets dans une poche ! C'est dans un sac qu'il fallait les porter.

« Dans un sac, dans un sac, se dit notre homme. Dans un sac qu'on lance sur l'épaule... » Ce qu'il fit le jour où sa femme l'envoya acheter un porcelet.

— Choisis-le déjà grassouillet, lui dit-elle, que nous puissions avoir de bons jambons à Noël.

Le mari obéit et choisit avec soin le petit cochon. Mais dans le sac où il l'avait fourré, bien serré, le pauvre petit porcelet, à force de se débattre, finit par mourir étouffé.

— Enfin quoi ! cria la femme, furieuse, à son mari, tu n'as aucun bon sens ? On n'enferme pas un porc dans un sac, on l'attache à une corde et on le tire derrière soi !

« Une corde qu'on tire derrière soi... Une corde qu'on tire... oui, oui », répétait le mari, en allant à la foire acheter une cruche pour sa femme.

Devinez ce qui se passa quand il revint à la maison, traînant au bout de la corde les morceaux de la cruche ? Vous pensez que sa femme se mit en colère ? Vous vous trompez. Cette fois, elle garda son calme. Elle jeta sur son mari un regard de mépris et dit :

— Puisqu'il en est ainsi, la prochaine fois, c'est MOI qui irai à la foire. Toi, tu garderas la maison.

Garder la maison, en était-il capable ? Le jour de la foire, la femme prit ses précautions. Avant de partir, elle lui fit toutes sortes de défenses et de recommandations.

— Ne descends pas à la cave, ne touche pas au tonneau de vin. Dis au chien de garder la chèvre, qu'elle n'aille pas goûter le maïs dans le champ du voisin. Surveille la poule qui couve, le renard guette et la porte du poulailler ferme mal. Est-ce tout ?... Ah non ! Surtout ne mange pas ce que contient ce pot-là, sur l'étagère – car c'est de la mort-aux-rats. Tu mourrais empoisonné... Tu m'as bien comprise ?

— Oui, oui, oui, dit le mari. Tu peux me faire confiance.

À peine était-elle partie qu'il ressentit une petite faim. Il se coupa une belle tranche de jambon et commença à manger. Le jambon était salé et lui donna soif, mais il n'y avait rien à boire. « Ah, se dit-il, j'ai une idée ! Je vais descendre à la cave. Si je tire au tonneau un seul verre de vin, ma femme n'y verra rien. »

Il descendit à la cave. En ouvrant la bonde du tonneau, il fit tomber le bouchon, qui roula et disparut dans la poussière. Le vin se mit à couler. Vite, notre homme enfonça son doigt dans le trou. Son doigt était trop petit et le vin coulait toujours. « Ah, se dit-il, j'ai une idée ! Je vais appeler le chien. Je boucherai le trou avec sa queue. »

Vite, il appela le chien. Celui-ci, trop content de ne plus avoir à garder la chèvre, accourut joyeusement. Comme notre homme s'employait, avec bien du mal, à fourrer la queue du chien dans la bonde, il entendit le voisin hurler : « Ta chèvre... ta chèvre est en train de manger mon maïs ! » D'émotion, il lâcha le chien, lequel s'enfuit à toute vitesse, tandis que le vin coulait de plus belle. « Ah, se dit-il, j'ai une idée ! Je vais monter au grenier, je prendrai un sac de farine, je répandrai la farine de telle sorte qu'elle cache le vin. Quand ma femme rentrera, elle n'y verra rien. »

Vite, il monta au grenier, redescendit à la cave, saupoudra le vin de farine : ça faisait une belle bouillie ! Et ce tonneau qui n'en finissait pas de se vider ! « Ah, se dit notre homme, je n'ai plus d'idée. Qu'est-ce que je vais bien pouvoir faire ?... » Découragé, il remonta de la cave, juste à temps pour entendre des glapissements et des caquetages et voir le renard emporter la poule.

« Cette fois, ce n'est pas ma faute, s'écria notre homme. C'est la faute de ma femme, qui n'a pas réparé la porte du poulailler. Mais puisqu'il m'arrive tant de malheurs, je vais me tuer. Comme ça, ma femme ne pourra plus m'en vouloir. Au contraire, elle me pleurera. »

Et vite, il se dirigea vers le pot que sa femme lui avait interdit de toucher. Il avala le plus possible de la poudre blanche qui se trouvait à l'intérieur. Mais ça ne le rendait pas du tout malade, c'était même rudement bon ! On aurait dit du sucre. (Et c'en était, en effet. Pour être sûre qu'il n'en mange pas, sa femme lui avait menti.)

Quand il eut fini le pot, comme il n'était pas mort, il s'exclama : « Ah, j'ai une autre idée ! » Vite, il alla chercher la hache qui servait à couper le bois et il la lança au plafond, dans l'espoir qu'en retombant elle lui tranche le cou. Seulement voilà : si sa tête voulait mourir, son corps ne le voulait pas. Pendant que la hache tournoyait en l'air, son corps l'entraîna à l'autre bout de la pièce et la hache tomba par terre, sans lui faire le moindre mal.

Le pauvre homme était désespéré. Rien ne lui réussissait. Même la Mort se moquait de lui. Il se sentait aussi malheureux, aussi abandonné qu'un poussin sans mère...

Un poussin... des poussins... des poussins sortant de l'œuf... « Mais bien sûr, voilà ce qu'il fallait faire ! Ça, c'était une bonne idée ! » Et il se rendit au poulailler. Il s'accroupit au-dessus des œufs, dans l'intention de les couver. Puisque le renard avait mangé la poule, en attendant l'éclosion des poussins, il la remplacerait.

C'est là que sa femme le trouva, quand elle revint de la foire.

— Que fais-tu là ? lui dit-elle.

— Cot cot cot, répondit-il.

Alors elle éclata de rire et elle l'embrassa, son nigaud.

*Si vous ne me croyez pas,*
*Allez les voir de ma part.*
*Ils vous diront leur histoire*
*Et vous apprendront combien*
*Le nigaud eut de poussins.*

# « À Kintail et vite ! »

*Écosse*

*On sait bien que les Écossais sont économes : tout ce qui peut servir, ils le gardent ; le gaspillage leur fait horreur. Voici l'histoire pleine d'humour d'un Écossais habile, qui a su utiliser ce que trois sorcières et le hasard lui ont donné.*

Il était une fois, à Kintail, en Écosse, un pêcheur bricoleur. Il pêchait tous les jours, par tous les temps, et quand il avait fini de pêcher il bricolait pendant des heures sur son bateau. Il avait toujours quelque chose à réparer, une bosse, un trou, une éraflure ou un coup de pinceau à donner.

Un jour de tempête, malgré les conseils de prudence qu'on lui avait prodigués, il sortit en mer et faillit ne pas pouvoir rentrer. Quand il arriva enfin au port, la quille du bateau était brisée.

Laisser son bateau dans cet état lui fendait le cœur. Et puis il fallait bien qu'il retourne à la pêche, dès le lendemain, car il était pauvre.

À peine le pêcheur eut-il avalé sa soupe et dit bonsoir à sa femme et à ses enfants qu'il s'en alla dans la forêt voisine, sans se soucier de la pluie ni du vent. « Il fait encore assez clair, se disait-il, pour que je trouve sans peine un arbre qui me convienne. Il me faut un tronc bien droit pour en faire une belle quille solide et lisse. »

Mais il eut plus de difficulté qu'il ne pensait. Aucun tronc ne faisait l'affaire : celui-ci avait trop de nœuds, celui-là était tordu, cet autre trop épais et cet autre trop mince. Notre bricoleur était exigeant. À force de tourner en rond à la recherche de l'arbre parfait, il s'était tout à fait perdu. Devait-il aller à droite, à gauche, ou bien retourner sur ses pas ?

Heureusement il aperçut une lueur à travers les branches. Il se dirigea vers elle et se trouva devant une jolie petite maison, au milieu de la forêt. Par la fenêtre, on devinait l'éclat d'un grand feu. Il frappa à la porte et, sans attendre de réponse, il entra.

Trois vieilles femmes se tenaient là. La plus âgée, assise contre la cheminée, se chauffait les mains à la flamme, les deux autres rangeaient la pièce. Toutes les trois tournèrent la tête vers celui qui entrait et l'examinèrent de leurs yeux perçants. Elles avaient toutes les trois le nez rouge et une figure aussi ridée qu'il est possible de l'être.

Le pêcheur les salua avec politesse, leur expliqua qu'il s'était égaré et leur demanda l'hospitalité. Elles ne répondirent pas immédiatement. La plus âgée des femmes se leva et rejoignit les deux autres au fond de la pièce. Elles chuchotaient et semblaient se livrer à une discussion animée, jetant sur notre homme des coups d'œil méfiants. Il se rendait bien compte qu'elles parlaient de lui, mais il attendait. Finalement, elles revinrent près de lui et lui dirent qu'il pouvait rester.

— Allez vous coucher dans la chambre qui est au bout du couloir. Tenez, prenez cette lampe.

— Mais je n'ai pas besoin d'une chambre... ni d'une lampe. Je peux très bien dormir ici, au coin du feu.

— Non... non. Vous dormirez mieux dans un lit et demain matin vous serez en forme pour retrouver votre chemin.

Le pêcheur prit la lampe et se rendit au bout du couloir, dans la chambre. Il n'y avait, pour tout mobilier, qu'un grand coffre sous la fenêtre et un lit. Il se coucha, éteignit la lampe et essaya de s'endormir. Il n'y parvenait pas : il pensait à sa famille, qui devait s'inquiéter de son absence.

Il se tournait, se retournait sur son matelas, lorsque, dans la maison silencieuse, il entendit distinctement des pas. Quelqu'un se tenait derrière la porte de la chambre, quelqu'un qui demeura sans bouger pendant quelques minutes. Puis la porte s'ouvrit et l'une des trois vieilles entra. Elle s'approcha du lit, regarda notre homme qui, aussitôt, fit semblant de dormir, en ronflant de son mieux. La vieille, rassurée, se dirigea vers le coffre, releva le couvercle, se pencha pour saisir quelque chose. À la lueur vague de la fenêtre, le pêcheur l'observait à travers ses paupières mi-closes, tout en continuant à ronfler. La femme avait pris un bonnet dont elle nouait les brides sous son menton. Puis elle dit, d'une voix autoritaire : « À Londres et vite ! » Et elle s'évanouit dans l'air.

Le pêcheur pensa que, dans la demi-obscurité, ses yeux lui jouaient des tours. Mais déjà la deuxième vieille marchait derrière la porte en traînant les pieds. Elle traversa la pièce, jeta à peine un regard sur le dormeur, alla jusqu'au coffre, prit un bonnet, le noua sous son menton, prononça : « À Londres et vite ! », et pfuitt... plus personne.

Alors arriva la troisième vieille, tout essoufflée. Elle courait presque et, sans s'occuper du pêcheur, ouvrit le coffre, en laissa bruyamment retomber le couvercle, posa le bonnet de travers sur sa tête, bredouilla : « À Londres et vite ! », et disparut.

Le pêcheur était seul dans la demeure des trois sorcières. Il n'allait pas y demeurer une minute de plus. Il se leva mais, avant de quitter la pièce, il eut envie de savoir ce que le coffre contenait encore d'autre. S'il allait y trouver un morceau de bois, une pièce de métal, un outil qui serve à ses bricolages et lui permette de réparer la quille de son bateau... Non, le coffre ne contenait qu'un quatrième bonnet, semblable à ceux dont s'étaient coiffées les vieilles. Par jeu, notre homme le posa sur sa tête : le bonnet lui allait... comme un gant !

Alors, poussé par la curiosité, il prononça les mots magiques : « À Londres et vite ! », et se retrouva dans la cave d'un cabaret où s'alignaient des tonneaux. Le sol était mouillé, collant. Une forte odeur de whisky flottait dans l'air. Entre deux rangées de tonneaux, les trois vieilles étaient étendues, de tout leur long, ivres mortes. Elles avaient laissé les robinets ouverts et le whisky coulait à flots.

Quel crime de laisser ainsi du bon alcool se perdre ! Décidément ces sorcières méritaient la potence ! Le pêcheur se dépêcha de fermer les robinets mais, auparavant, il goûta dans chaque tonneau chaque variété de whisky, oh, pas beaucoup, juste une gorgée : il était sûr de ne jamais retrouver une occasion pareille ! D'ailleurs, après toutes les émotions de la nuit, il avait bien besoin de réconfort.

Toutes ces gorgées, l'une après l'autre, changèrent sa façon de voir les choses. Malgré la présence des vieilles ivrognesses, la cave lui parut un endroit charmant et confortable. Il retira son bonnet de sa tête, le fourra dans sa poche et s'installa pour dormir... et fut réveillé par des coups de pied dont on lui bourrait les côtes.

— Enfin je te tiens, mon gaillard ! hurlait le cabaretier d'une voix enrouée. Sale voleur, ça fait assez longtemps que tu viens boire mon whisky... Ce qui me met le plus en rage, c'est le gaspillage que tu en fais. Nuit après nuit, tu laisses mes robinets ouverts... Fripouille, va !

— Ce n'est pas moi, protesta le pêcheur, ce sont les vieilles que voilà... les vieilles... Elles étaient là, entre ces tonneaux... Où sont-elles passées ?

Les sorcières avaient disparu. Le pêcheur eut beau raconter son histoire, personne ne le crut. Depuis des mois, policiers et détectives recherchaient en vain, dans tout Londres, le voleur de whisky. À présent qu'ils croyaient le tenir, ils n'allaient pas le relâcher.

Le pauvre homme fut mis en prison et condamné à être pendu.

Le jour de son exécution, la foule se pressait autour de l'estrade sur laquelle se dressait la potence. Le bourreau amena notre homme et lui demanda s'il désirait prononcer quelques mots.

— Je ne suis pas coupable ! cria le pêcheur. Je n'ai jamais rien gaspillé de ma vie, pas une allumette, pas un bout de ficelle, pas un clou. Encore moins du bon whisky... Vous allez faire mourir un innocent.

La foule lui répondit par des rires et par des insultes. Le bourreau s'esclaffa :

— Innocent, toi ! Je ne connais personne qui soit moins innocent que toi... C'est tout ce que tu as à dire ?... Alors allons-y !

Et il commença à lui passer la corde au cou.

Le pêcheur frissonna. Il se sentait glacé et machinalement, pour se réchauffer, enfonça les mains dans ses poches. Dans celle de droite, il sentit quelque chose.

— Est-ce que... est-ce que, avant de mourir, je peux encore mettre ce bonnet ? demanda-t-il au bourreau.

— Si ça t'amuse ! ricana celui-ci. Mais presse-toi.

Le pêcheur se hâta de poser le bonnet sur sa tête, d'en nouer les brides, de dire : « À Kintail et vite ! », et s'envola, avec la potence et le bourreau.

En route, il se débarrassa du bourreau, qui dégringola dans la mer et s'y noya, mais il garda la potence : ça pouvait toujours servir.

En effet, à peine arrivé à Kintail, dès qu'il eut embrassé sa femme et ses enfants, notre bricoleur se mit à l'ouvrage. La potence lui fournissait une belle planche droite et solide, juste ce qu'il lui fallait pour faire une quille à son bateau.

Moralité :

Rien n'est perdu pour qui sait attendre.

# Askeladd et le troll

*Norvège*

*Dans les vieux textes norvégiens, les trolls ne ressemblent pas aux lutins aimables des contes modernes. Ils représentent les forces de la nature que les hommes du Nord doivent affronter au cours de leurs longs hivers. Ce sont des géants, souvent malfaisants, guère intelligents. Pour les tromper, il suffit d'un peu d'astuce, d'un déguisement grotesque...*

Il était une fois un bon garçon tout simple, plus malin qu'il n'en avait l'air. Il se nommait Askeladd. Il avait deux frères, plus âgés que lui, qui, eux, se croyaient intelligents.

Quand leur père mourut, les deux aînés quittèrent la maison pour chercher fortune. Pas question pour eux d'emmener leur cadet. Ils lui déclarèrent avant de partir : « Ça ne servirait à rien que tu viennes avec nous courir le monde... Tu n'es bon qu'à gratter les cendres au coin du feu. Adieu ! »

En fait de courir le monde, les deux frères se contentèrent d'aller jusqu'à la ferme du roi, où ils se firent embaucher par le maître des écuries.

La ferme du roi était située au bord d'un étang. Sur l'autre rive, dans le creux d'une montagne, habitait un troll. Ce troll possédait sept canards d'argent, qui sillonnaient l'eau, de long en large, par tous les temps. À force de les regarder, le roi n'avait plus qu'une idée en tête : posséder ces oiseaux précieux. Mais comment faire ? Le troll était un géant, bête et méchant, qui ne voudrait jamais les lui donner ni les lui vendre.

Cependant Askeladd s'était, lui aussi, mis en route. Il avait pour tout bagage le seul bien que lui avait légué son père : un pétrin de pierre, lourd et encombrant. Pour rien au monde il n'aurait voulu s'en séparer.

Comme ses frères, il arriva à la ferme du roi et demanda du travail. « On n'a besoin de personne », lui répondit-on. Mais il avait l'air si courageux et si aimable qu'on le prit tout de même dans les cuisines, pour porter de l'eau et du bois. Chacun l'appréciait, alors que ses frères, dans les écuries, recevaient plus de coups de trique que de mots gentils, tant ils étaient paresseux.

Ce qui les rendait furieux, c'était d'entendre, devant eux, dire du bien d'Askeladd. Ils décidèrent de lui jouer un tour.

— Notre jeune frère est un vantard, confièrent-ils au maître des écuries. Il prétend attraper les sept canards d'argent du troll, qui vont nageant sur l'étang.

Le maître des écuries rapporta ces propos au roi, qui fit appeler Askeladd et lui ordonna, sous peine de perdre la vie, d'aller immédiatement chercher les canards, puisqu'il s'était vanté de pouvoir le faire. Askeladd eut beau affirmer qu'il n'avait jamais rien dit de pareil, le roi n'en voulut pas démordre et le garçon dut obéir.

— Alors, Sire, faites-moi donner un quart de seigle, un quart de blé et je veux bien essayer.

Askeladd mit les grains dans son pétrin, dont il se servit comme d'un bateau pour traverser l'étang. Une fois arrivé de l'autre côté, il réussit à attirer les canards gourmands, qui se régalèrent en mangeant les grains. Dès qu'ils furent tous les sept dans ce bateau d'un nouveau genre, Askeladd sauta dedans et s'éloigna sur l'eau, tout heureux d'avoir capturé les précieux oiseaux.

Il était au milieu de l'étang quand le troll s'aperçut du vol et interpella le garçon :

— Est-ce toi qui pars avec mes canards ?

— C'est bien moi qui pars avec tes canards !

— Tu reviendras ?

— Pourquoi pas ?

Le roi était si content de posséder enfin les sept canards d'argent qu'il tint à féliciter Askeladd personnellement.

Bien sûr les deux frères en furent encore plus jaloux. Ils racontèrent au maître des écuries qu'Askeladd prétendait être capable de prendre, dans la chambre du troll, la couverture à carreaux d'or et d'argent.

— Est-ce bien vrai, demanda le roi au pauvre garçon, que tu puisses aller chercher la couverture du troll, chez lui, dans sa montagne ?

— Sire, je n'ai jamais rien dit de pareil !

— Tes frères ont dit que tu l'avais dit... Que tu meures si tu t'en dédis !

— Sire, puisqu'il en est ainsi, accordez-moi trois jours pour me préparer.

— C'est accordé.

Quand les trois jours furent passés, Askeladd traversa l'étang sur son pétrin. Arrivé sur l'autre rive, il se cacha derrière un buisson et attendit. La fille du troll faisait le ménage. Elle secoua draps et oreillers, puis déposa la couverture sur le pré, pour l'aérer.

À peine était-elle rentrée dans sa montagne qu'Askeladd sauta hors de sa cachette, s'empara de la couverture, la fourra dans le pétrin et s'éloigna sur l'étang, à toute vitesse. Il n'avait pas encore atteint la ferme du roi que le troll se mit à hurler :

— Voleur ! Voleur ! Mes canards, c'est bien toi qui les as pris ?

— Je les ai pris, oui, répondit Askeladd.

— Ma couverture, tu t'en es emparé ?

— Je m'en suis emparé, c'est vrai.

— Mais tu ne reviendras pas ?

— Et pourquoi pas ?

Si le roi fut content de poser sur son lit la couverture à carreaux d'or et d'argent, je vous le laisse imaginer ! Après cet exploit, Askeladd abandonna les cuisines pour devenir valet du roi.

Quant à ses frères, ils ne décoléraient pas. Ils se demandaient ce qu'ils allaient pouvoir inventer pour provoquer sa perte.

Ils avaient entendu parler d'une harpe d'or, qui appartenait au troll. Les sons en étaient si mélodieux que même l'être le plus triste, en les écoutant, devenait joyeux.

— Notre frère a la prétention de voler la harpe d'or, la harpe magique qui appartient au troll, dirent-ils au maître des écuries, qui se hâta de le répéter au roi.

— Puisque tu l'as dit, tu dois le faire. Sinon tu t'en repentiras, ordonna le roi au garçon.

— Sire, je n'ai jamais rien dit de pareil... Mais je sais que vous ne me croirez pas. Je m'en vais donc essayer... pas avant six jours, si vous le permettez.

— Je le permets. Qui plus est, si tu reviens avec la harpe, je te donnerai ma fille en mariage et la moitié du royaume en partage.

Au bout du sixième jour, Askeladd partit chez le troll, en traversant l'étang dans son pétrin. Il emportait un clou, une branchette de bouleau et un bout de chandelle.

Il se promenait, en faisant des ricochets, le long du rivage, devant chez le troll, lorsque celui-ci sortit de sa montagne et le vit.

— C'est toi mon voleur ! vociféra-t-il. C'est toi qui as pris mes canards !

— Tu t'en es aperçu trop tard !

— Et la couverture de mon lit ?

— Tu l'as dit !

Le troll en colère attrapa Askeladd par la peau du cou et le donna à sa fille pour qu'elle l'engraisse, comme il l'aurait fait d'un vulgaire poulet.

— Quand il sera gras à point, nous inviterons nos amis. Ce sera un vrai festin !

La trollesse enferma le garçon dans une cage et elle lui apporta à boire et à manger ce qu'elle avait de meilleur, en aussi grande quantité qu'il le souhaitait. Il n'avait rien d'autre à faire qu'à se reposer et savourer de bonnes choses. C'est ce qu'on appelle la vie de château !

Au bout de huit jours, le troll envoya sa fille couper le petit doigt du prisonnier, pour voir s'il était assez gras.

Askeladd, à travers les barreaux de la cage, se débrouilla pour tendre le clou à la place de son doigt. La trollesse n'était pas maligne.

— Il est dur comme du fer ! On s'y casserait les dents ! s'exclama-t-elle.

Huit jours plus tard, Askeladd tendit la branchette de bouleau à travers les barreaux.

— Il est un peu moins sec, mais encore bien dur, constata la trollesse. Attendons un peu.

Huit jours plus tard, Askeladd tendit le bout de chandelle.

— Cette fois, je pense qu'il est à point, déclara la trollesse. Encore ferme, mais savoureux.

— C'est bien, lui dit son père. Tue-le et saigne-le. Mets-en à rôtir la moitié et l'autre moitié à bouillir. Je vais chercher nos invités.

Après le départ du troll, sa fille se mit à affûter son coutelas.

— Tu ne sais pas t'y prendre, remarqua Askeladd, qui la regardait à travers les barreaux. Si la lame coupe mal, tu n'arriveras pas à me saigner convenablement. Moi qui ai travaillé dans les cuisines, je sais comment faire. Je peux t'aider, si tu veux. Passe-moi la pierre à aiguiser et le couteau.

La trollesse les lui passa.

Après avoir longuement affûté la lame, le garçon lui dit :

— Cette fois, ça y est... Ça devrait couper comme un rasoir. Mais avant de te rendre le couteau, laisse-moi l'essayer sur le bout de ta natte. Tourne-toi.

La trollesse se tourna docilement. Askeladd la saisit par la natte, lui renversa la tête et, passant son bras armé du couteau à travers les barreaux, lui trancha la gorge. Puis il la coupa en deux, mit une moitié à rôtir et l'autre à bouillir. Cela fait, il revêtit les habits de la trollesse et s'assit dans un coin de la pièce, en attendant l'arrivée du troll et de ses invités.

Ceux-ci ne tardèrent pas.

— Eh bien tout est-il prêt ? demanda joyeusement le troll à celui qu'il prenait pour sa fille. Viens à table avec nous et régalons-nous !

— Oh, s'il te plaît, mon père, laisse-moi me reposer, répondit Askeladd en contrefaisant sa voix. Je me suis trop dépêchée, je n'ai pas faim ce soir. Je me sens triste et fatiguée.

— Prends donc la harpe et joues-en ! La gaieté te reviendra.

— Je ne sais plus où je l'ai mise.

— Mais si... regarde. Elle est là, au-dessus de la porte.

Askeladd prit la harpe et se mit à jouer en marchant autour de la pièce, en se rapprochant de la porte, en sortant, en rentrant, en sortant, plusieurs fois de suite... Le troll ne faisait guère attention à lui.

Finalement Askeladd sortit une dernière fois, referma la porte, bondit sur le rivage, sauta dans le pétrin et s'éloigna sur l'étang, en fendant l'eau sur son passage.

Le troll, au bout d'un moment, surpris que sa fille ne vienne pas festoyer avec lui, se demanda où elle était. Était-elle sortie ? Il alla voir sur le rivage. Il ne la trouva pas, mais il vit, au loin, sur l'étang, le garçon dans son pétrin...

— Holà... ho ! Est-ce toi, mon voleur de canards ?

— C'est moi.

— Toi qui as pris ma couverture ?

— C'est moi.

— Toi qui as emporté ma harpe d'or ?

— C'est bien moi.

— Mais alors... ce n'est pas toi que j'ai mangé ?

— Non, c'est ta fille...

En entendant ces mots, le troll devint tellement fou de rage qu'il explosa.

Askeladd retourna dans la montagne, s'empara des trésors du troll, puis s'en revint chez le roi qui lui donna, comme promis, sa fille en mariage et la moitié du royaume en partage.

Askeladd avait réussi tout ce qu'il avait entrepris. Mais il gardait le cœur bon.

Il ne punit pas ses frères, les récompensa au contraire. N'était-ce pas grâce à eux qu'il était devenu riche, puissant et heureux ?

# LE MÉCHANT JUGE

*Allemagne*

*Ce conte, d'un genre un peu différent des autres, est un fabliau du Moyen Âge allemand. Il dépeint des gens de la ville et des paysans. Mais le diable intervient au milieu du marché : à chacun d'en tirer une leçon de morale.*

Il était une fois un juge qui vivait dans une ville, au bord du Rhin. Ce juge était un méchant homme. Pour se procurer des biens dont il n'avait nul besoin, il était prêt à rendre, au mépris de la loi, des jugements injustes. Orgueilleux avec cela, sûr d'avoir toujours raison, persuadé que tout le monde devait s'incliner devant lui.

Un jour de marché, le juge revenait de sa vigne, lorsqu'il rencontra sur son chemin un personnage surprenant. C'était un homme à l'air important, vêtu d'habits magnifiques. Il se dirigeait vers le marché. Le juge connaissait tous les habitants de la ville, mais il n'avait jamais vu cet homme-là. Qui cela pouvait-il bien être ?

Il s'approcha de l'étranger, le salua et demanda :

— Qui êtes-vous, messire ? Où allez-vous ?

— Cela ne vous regarde pas, messire.

— Comment, cela ne me regarde pas ! Vous n'êtes qu'un insolent ! Vous ignorez à qui vous avez affaire ! Je suis juge et je n'ai qu'un mot à dire pour vous faire donner du bâton et vous envoyer en prison.

— Mmmm...

— Vous ne répondez rien ? Par Dieu et par l'empereur tout-puissant, je jure que si vous continuez ainsi, je m'en prendrai à votre vie et tous vos biens deviendront miens !

— Bon, eh bien tu l'auras voulu... Je suis le diable en personne.

— Le diable... Ha, ha... le diable... Et que viens-tu faire ici ?

— C'est le seul jour dans l'année où j'ai le droit d'entraîner en enfer tout ce que les hommes me donnent. Chaque fois qu'ils disent d'un animal ou d'un humain « Qu'il aille au diable ! », en le pensant sincèrement, je peux emmener avec moi l'animal ou l'humain maudit. C'est pourquoi je me rends au marché. Là, j'aurai l'occasion d'en attraper plus d'un.

— Oh, comme j'aimerais assister à ce spectacle... Avec un peu de chance, je verrai quelques-uns de mes semblables tomber dans les griffes du diable... Laisse-moi t'accompagner.

— À quoi cela t'avancera-t-il ?... D'ailleurs c'est impossible.

— Impossible ! Pauvre diable, tu oses me résister ?... Par le Dieu éternel, qui gouverne l'Univers et vous a précipités en enfer, toi et tes frères, je t'ordonne de m'obéir ! Par le souverain Juge, qui préside au Grand Tribunal, je t'ordonne de me laisser t'accompagner au marché ! Si l'on te remet quelque chose ou quelqu'un, je te servirai de témoin.

— Quelle malchance pour moi de t'avoir rencontré !... Parce que tu as invoqué le nom de Dieu, me voici ligoté, forcé de me soumettre à toi... Qu'est-ce que tu y gagneras ?... Tu risques de t'en repentir... Crois-moi, si tu étais sage, tu renoncerais à ton projet.

— Jamais de la vie !... Mais si toi, le diable, tu veux être sage, tu m'obéiras... sinon gare à toi !

— Cesse donc tes menaces qui ne servent à rien. Et viens avec moi, puisque tu y tiens.

La place du marché grouillait de monde. Tous s'écartaient devant le juge, avec respect, avec crainte. Certains même lui offraient à boire, mais pas à son compagnon, que personne ne connaissait. Le juge finit par proposer un verre au diable. Celui-ci refusa tout net.

Comme tous les deux s'avançaient dans la foule, ils entendirent des cris et des grognements. Une paysanne bousculait son cochon, qui s'arc-boutait sur ses pattes et refusait d'avancer.

— Au diable un cochon aussi entêté ! s'exclama la femme avec impatience.

— As-tu entendu ? dit le juge à son compagnon. Cet animal est pour toi puisqu'on te l'offre.

— Non, répondit le diable. Cette femme ne pense pas ce qu'elle dit. Elle serait furieuse si je lui prenais son cochon.

Un peu plus loin, c'était un bœuf qu'une autre paysanne injuriait.

— Maudite bête ! Animal stupide !... Que le diable t'emporte !

— Hé, hé, fit le juge en tirant son compagnon par le bras. Pourquoi poursuis-tu ton chemin ? Tu as un bœuf à ta disposition !

— Penses-tu, fit le diable en haussant les épaules. Cette femme ne parle pas sérieusement. Elle tient à son bœuf. Si elle s'en séparait, elle tomberait dans la misère.

À ce moment, un enfant se jeta dans leurs jambes, poursuivi par sa mère qui criait :

— Méchant garçon ! Viens ici tout de suite ! Ah, tu ne veux pas m'obéir... Eh bien va-t'en au diable !

— Qu'est-ce que tu attends ? Prends l'enfant, elle te le donne... Mais qu'est-ce que tu attends ? Tu n'en veux pas ? insista le juge.

— Tu ne connais donc pas les mères ? Malgré sa colère, celle-ci ne permettrait à personne de toucher un seul cheveu de son enfant, même si, pour cela, on lui offrait tout l'or du monde... Moi, je ne demanderais pas mieux que d'emporter ce garnement... Seulement voilà : je n'en ai pas le droit.

Tout en parlant, les deux compagnons se frayaient avec difficulté un chemin dans la foule. Ils finirent par s'arrêter. Une pauvresse les aperçut, une vieille branlante appuyée sur des béquilles. Elle se traîna jusqu'à eux, regarda fixement le juge et s'adressa à lui, tandis que de grosses larmes coulaient sur son visage.

— Ah, te voilà, messire juge ! Pourquoi m'as-tu fait tant de mal ? Tu es si riche et moi si pauvre !... Je n'avais, pour me nourrir, qu'une petite vache qui me donnait son lait. Tu me l'as prise, contre toute justice, toi qui n'en avais pas besoin... Tu n'as eu envers moi ni bonté ni pitié. De ta part je n'ai eu droit qu'à moqueries et railleries... Il ne me reste qu'à mendier pour vivre et je n'en ai pas la force... Puisse Monseigneur Dieu, par la mort de son fils bien-aimé, le Christ, entendre ma prière : qu'il vous envoie, toi et ta méchante âme, au diable !

Aussitôt le diable se tourna vers le juge.

— Tu as entendu cette pauvre vieille ? Cette fois, ce qu'elle a dit, elle le pensait vraiment. Tu vas voir maintenant !

Le diable saisit le juge par les cheveux et l'enleva dans les airs, à la vitesse de l'éclair, sous les yeux ébahis des paysans. Et plus personne n'entendit jamais parler d'eux.

Moralité :

Si un jour vous rencontrez le diable – que vous soyez seigneur ou paysan –, n'insistez pas pour le suivre au marché. Ni ailleurs.

# LES TROIS NŒUDS

*Estonie*

*L'Estonie, au nord de la Russie, est un petit pays baigné par la mer Baltique. Les pêcheurs, qui formaient autrefois l'essentiel de sa population, redoutaient les tempêtes, mais tiraient leur subsistance de la mer – la mer qui donne la vie, qui peut donner la mort.*

Il était une fois, sur une côte de la mer Baltique, un pauvre village de pêcheurs. Durant l'hiver, la pêche avait été mauvaise, les habitants n'avaient plus rien à manger. Le printemps arrivait et, avec lui, des vents contraires, une mer agitée. Fallait-il attendre une meilleure saison ? Les petits enfants ouvraient de grands yeux affamés.

Les hommes du village se réunirent. Les uns voulaient tenter leur chance en mer, les autres hésitaient.

— Si nous allions voir le vieux Karel ? proposa le chef des pêcheurs. Aujourd'hui il ne sort plus de sa cabane, mais autrefois c'était l'homme le plus hardi et le plus chanceux du village. J'étais gamin alors, je m'en souviens... On prétendait même que la reine de la mer était sa bonne amie et que, grâce à elle, il prenait autant de poissons qu'il voulait. Peut-être pourrait-il nous aider.

Les pêcheurs trouvèrent l'idée bonne et se rendirent dans la cabane du vieux, pour lui parler de leurs difficultés.

— N'est-ce pas, père Karel, lui demanda le chef, vous étiez un gaillard dans le temps ? Et la reine de la mer vous aimait ? Est-ce qu'elle ne vous avait pas fait un cadeau magique qui vous permettait d'attirer le poisson, quelle que soit la saison ?

— C'est vrai, répondit Karel. Et ce cadeau, le voici.

Il défit le foulard qu'il portait autour du cou et le montra aux pêcheurs. C'était une pièce d'étoffe ordinaire, triangulaire, nouée à chacune de ses extrémités.

— Je veux bien vous le prêter, reprit le vieux, à condition que vous m'obéissiez. Quand vous hisserez la voile, défaites le premier nœud, vous aurez des vents favorables. Quand vous jetterez vos filets, défaites le deuxième nœud et la pêche sera bonne. Mais ne jetez jamais vos filets une seconde fois, car la mer n'aime pas cela. Et surtout, surtout, ne défaites pas le troisième nœud, vous vous en repentiriez.

— Nous suivrons tous tes conseils, parole de pêcheur ! promirent les hommes du village en chœur.

Ils remercièrent le père Karel, prirent le foulard et se hâtèrent de rentrer chez eux pour raccommoder leurs filets. Quelques-uns se chargèrent d'enduire soigneusement le bateau de poix, pour le rendre parfaitement étanche.

Au petit matin, ils étaient prêts à partir. Ils ramèrent d'abord, avant de hisser la voile en sortant de la baie. Le chef défit le premier nœud et tout se passa comme Karel l'avait prédit. Le bateau fendait les vagues et arriva bientôt en haute mer.

Alors le vent tomba, la voile se dégonfla et le bateau cessa d'avancer. « Jetons l'ancre et lançons nos filets », commanda le chef en défaisant le deuxième nœud du foulard. Aussitôt l'eau se mit à clapoter, des bulles d'air éclataient à la surface et les bouchons des filets dansaient. Puis tout se calma. Les hommes unirent leurs forces, raidirent leurs bras pour remonter les filets, lourds, plus lourds qu'ils n'avaient jamais été, et les poissons se déversèrent dans la coque, innombrables, frétillants, faisant étinceler leurs écailles d'argent au soleil du printemps. Les pêcheurs en avaient mal aux yeux.

— Bonne pêche ! dit l'un d'eux.

— Bonne... pas si bonne que ça, grommela un autre. Ça ne suffira pas à rassasier le village, depuis le temps que personne n'a mangé... Et demain ? Comment mangerons-nous demain ? Il faut profiter de l'occasion, nous ne retrouverons pas de sitôt une place aussi poissonneuse. Jetons nos filets une deuxième fois.

— Mais le père Karel nous l'a défendu, fit remarquer le plus jeune des pêcheurs.

— Tais-toi, gamin ! s'écrièrent les autres. Toi qui n'as pas de famille à nourrir, tu es trop jeune pour donner ton avis.

Les pêcheurs lancèrent à nouveau leurs filets, mais cette fois ceux-ci remontèrent vides. Ils eurent beau recommencer, la chance avait tourné. Ils s'entêtaient pourtant et ne se résignaient pas à rentrer.

— Il nous reste le troisième nœud, dit à la fin le chef. Dénouons-le, nous verrons bien. Qui ne risque rien n'a rien.

— Mais le père Karel nous l'a défendu, fit le plus âgé des pêcheurs. Si nous le faisons, nous nous en repentirons.

— Tais-toi, grincheux ! s'écrièrent les autres. Toi qui n'as plus de bouche à nourrir, puisque tes enfants sont partis, tu es trop vieux pour donner ton avis.

À peine le troisième nœud était-il défait que la mer s'agita et que les bouchons des filets recommencèrent à danser. « Voilà le poisson ! Voilà le poisson ! » dirent tous à la fois les pêcheurs joyeux. Cependant quand ils remontèrent les filets, ceux-ci ne contenaient qu'un poisson – un seul, un énorme brochet, miroitant à la lumière. La queue lui manquait, comme si quelqu'un la lui avait coupée à la hache. « Quel drôle de poisson ! » s'exclamèrent les pêcheurs déçus en le lançant dans le bateau.

Le soir tombait, le soleil s'enfonçait dans les eaux. Soudain, sur la mer calmée s'élevèrent des voix étranges. Les pêcheurs regardèrent autour d'eux, ils ne virent personne, aucun autre bateau. « C'est une mouette », dit le plus vieux.

À ce moment, une trompe retentit. Les sons prolongés remplissaient l'espace. On aurait dit l'appel d'un berger pour faire rentrer au bercail son troupeau.

Une voix de femme se fit entendre :

— Sont-ils tous rentrés ?

Une voix de fillette répondit :

— Ils sont tous rentrés, sauf le bouc sans queue.

La trompe appela encore et encore, plus forte, plus sonore. Le brochet dans le bateau ouvrit sa gueule aux dents aiguës et, bousculant les autres poissons, s'approcha du bord, comme s'il voulait plonger dans l'eau. Le chef s'en aperçut et repoussa le poisson à l'intérieur, d'un coup de botte.

— Ce qui se passe ne me plaît pas ! Il faut rentrer. Levons l'ancre et dépêchons-nous ! cria-t-il aux autres pêcheurs.

Mais les hommes pouvaient bien se hâter, hisser les voiles, ramer de toutes leurs forces, la mer était devenue semblable à de la gelée, le bateau y restait collé, sans avancer d'un pouce. Cela dura toute la nuit. Les pêcheurs étaient épuisés.

L'aube vint. Le ciel s'éclaira à l'est. Les voix reprirent au fond de l'eau leur conversation étrange.

— Sont-ils réveillés ? Sont-ils tous là ?

— Ils sont réveillés mais ils ne sont pas tous là. Il manque toujours le bouc sans queue.

La trompe sonna encore, des clochettes tintinnabulèrent. Dans le bateau, les poissons s'agitèrent, surtout le gros brochet qui ouvrait ses ouïes et sa gueule aux dents pointues.

— C'est sûrement à cause de lui que nous ne pouvons plus bouger. Libérons-le, décida le chef.

Il se leva, saisit avec difficulté l'énorme poisson, qui lui glissait entre les doigts, et le jeta par-dessus bord.

— Le voilà ! Le voilà ! Le bouc sans queue s'en revient ! Regardez comme il se dépêche, il fait des bulles ! clamèrent des voix moqueuses, dans les profondeurs de la mer, et des applaudissements éclatèrent.

Les pêcheurs, amusés, écoutaient. Ils n'écoutèrent pas longtemps, car une tempête soudaine se déchaîna. Le vent et les vagues hurlaient, le bateau grimpait en haut de montagnes d'eau pour redescendre à toute vitesse. De mémoire de pêcheur, on n'avait jamais rien vu de pareil.

Enfin, un peu avant la nuit, les hommes réussirent à aborder sur une île rocheuse et tirèrent avec bien du mal leur bateau sur le rivage. Ils se demandaient où ils se trouvaient, lorsqu'un petit vieillard surgit de derrière un rocher et vint à leur rencontre. Il était tellement voûté que sa longue barbe blanche balayait le sol.

— Vous êtes ici dans l'île de Khiu-maa, déclara-t-il aux pêcheurs. Elle ne se trouve sur aucune carte. Les hommes ne l'accostent jamais que s'ils y sont forcés. Venez dans ma cabane vous réchauffer et manger. Vous me direz votre histoire.

Les pêcheurs ne se firent pas prier et contèrent en détail toutes leurs mésaventures. Ils parlèrent de leurs familles affamées, de la générosité du vieux Karel, mais ils n'osèrent pas avouer qu'ils lui avaient désobéi et qu'ils avaient défait le troisième nœud du foulard magique.

— J'ai bien connu le vieux Karel. Savez-vous où, grâce à lui, vous êtes allés ? demanda le petit vieillard. Dans les prairies aquatiques où sa bonne amie, la reine de la mer, envoie paître ses poissons. Ne vous imaginez pas que ce sont ces poissons-là que vous avez pris ! Ils sont bien trop malins pour tomber dans les filets des hommes. Non, vous n'avez péché que des poissons vagabonds, attirés par ces pâturages. Mais je n'arrive pas à comprendre pourquoi le brochet sans queue s'est laissé emprisonner...

Les pêcheurs ne répondirent pas.

Ils commençaient à regretter de n'avoir pas écouté Karel, d'autant plus que le mauvais temps continuait. Il semblait ne devoir jamais finir. Pourraient-ils remonter dans leur bateau un jour et rentrer chez eux ? Leurs femmes et leurs enfants les attendaient depuis si longtemps, le buffet vide, le ventre creux.

Comme les hommes se désespéraient, le petit vieillard leur dit :

— Je vais essayer de vous sortir de là. Donnez-moi le foulard du vieux Karel.

Le chef des pêcheurs le tira de sa poche et le lui montra avec embarras.

— Comment se fait-il, dit le petit vieillard, que ce foulard n'ait plus aucun nœud ? Je sais qu'il en avait trois. Vous avez prétendu en avoir défait deux, vous avez aussi défait le troisième ?... En ne me disant pas la vérité, vous avez voulu me tromper !

Les hommes, honteux, baissaient la tête.

— Je vous aiderai tout de même, reprit le petit vieillard au bout d'un moment. À cause de vos enfants. La tempête va s'apaiser, vous allez rentrer chez vous et vous pécherez assez de poissons pour attendre la bonne saison. Je vous le promets.

Devant les hommes étonnés, il prit le foulard et refit le troisième nœud, bien serré.

— Ne le défaites jamais, ajouta-t-il.

— Non jamais, promis, juré ! répondirent-ils tous en chœur.

Depuis ce jour-là, ils tinrent parole, eux, leurs descendants, et tous les pêcheurs du monde.

C'est pourquoi on peut dire encore aujourd'hui : « Parole de pêcheur, parole d'honneur ! »

# Le vaillant guerrier

*Irlande*

*En lisant ce conte irlandais, vous serez transportés en des temps reculés, bien avant le Moyen Âge et l'époque des chevaliers. En ces temps de mystère et de magie, le héros doit faire ses preuves en affrontant les puissances de l'Autre Monde – qu'on peut interpréter comme le monde des morts.*

Il était une fois, en Irlande, un jeune et vaillant guerrier. Il passait le plus clair de son temps à chasser le gibier à poils et à plumes. Un jour qu'il chassait sur la lande, il vit passer trois hommes qui portaient sur les épaules un coffre aussi long qu'un cercueil.

— Que transportez-vous ? leur demanda-t-il en se plantant devant eux. Et où allez-vous ?

Les trois hommes poursuivirent leur chemin sans lui répondre.

Le jeune guerrier les attaqua, les écarta et regarda ce que contenait le coffre : c'était une femme, la plus belle qu'il eût jamais vue. Elle était vivante.

— Je prends le coffre avec moi ! s'écria-t-il.

— Prends plutôt nos vies, répondirent les trois hommes.

— L'un n'empêche pas l'autre, répliqua-t-il.

L'un des trois hommes, plus hardi que les autres, défia le guerrier. Celui-ci tira son épée et, d'un seul coup, lui trancha le bras.

— Rentrez chez vous maintenant et n'oubliez pas d'emporter votre bras ! lança-t-il aux trois hommes.

Le vaillant guerrier emmena la femme chez lui, la logea dans une chambre et alla se coucher en pensant à elle : il voulait l'épouser. Mais le lendemain, quand il s'éveilla, la femme avait disparu. Il se jura à lui-même de la chercher partout.

*« Je ne m'arrêterai jamais*
*Avant de l'avoir retrouvée*
*Quel que soit l'endroit en Irlande*
*Où la belle se soit cachée,*
*Plaine ou colline, étang ou lande. »*

Il partit aussitôt. Il marcha jusqu'à la nuit tombante. Il ne savait quelle direction prendre quand il aperçut une lueur au loin. Il s'en approcha. Une maison se dressait devant lui. Il entra : la jeune femme qu'il cherchait se trouvait là.

Elle l'accueillit avec des baisers et des pleurs, lui lava les pieds et les essuya, avec ses longs cheveux, avec des serviettes de soie.

— Il n'y a aucun homme au monde dont je me soucie plus que de toi, affirma-t-elle.

À ces mots, le bras coupé, qui se trouvait sur une table, se leva et vint frapper, brutalement, le vaillant guerrier au visage.

— Ne recommence pas, bras, ou je te rendrai la pareille, dit le jeune homme sans s'émouvoir.

La femme lui donna à souper, puis elle lui conta son histoire.

— Les trois hommes que tu as mis en déroute hier sont mes frères. Ils doivent se battre contre trois armées d'ennemis, décidés à leur voler leur terre. Chaque jour, mes frères les tuent tous. Chaque matin, les morts sont à nouveau là, bien vivants, prêts à reprendre le combat. Mais ce ne sont pas leurs seuls ennemis... Ils en ont bien d'autres. Ce soir, mes frères rentreront plus tard que de coutume, puisque l'un d'eux, le plus courageux, n'a qu'un bras. S'ils te trouvent ici près de moi, ils te tueront, ils me tueront aussi. Cache-toi et j'essaierai de leur arracher la promesse de ne te faire aucun mal.

Le vaillant guerrier accepta de se cacher et bientôt les trois frères rentrèrent, épuisés et affamés, encore plus qu'à l'accoutumée, car la soirée était plus avancée.

Ils se mirent à table et commencèrent à manger.

— Pourquoi ne manges-tu pas avec nous ? demanda l'un d'eux à sa sœur.

— Tant que je n'aurai pas obtenu de vous une promesse, je ne mangerai plus. C'est décidé.

— Quoi ?... Quelle promesse ? Tu sais que nous ferions tout pour toi... Sauf une chose : pardonner à l'homme qui a tranché l'un de nos bras et lui laisser la vie sauve.

— Alors je ne mangerai plus... Qu'est-ce qu'une promesse avec des « si » et des « mais »... Je veux de vous une promesse sans condition.

Les trois frères hésitèrent, mais cela leur semblait cruel de laisser leur sœur se passer de nourriture. Ils acceptèrent finalement de faire ce qu'elle voudrait.

Elle prit place à table à côté d'eux. Comme le repas touchait à sa fin, elle leur demanda d'épargner la vie de l'homme qui les avait combattus la veille. Ils promirent.

Elle alla chercher le jeune guerrier. Dès que les trois frères le virent sortir de sa cachette, ils bondirent sur leur épée, mais n'achevèrent pas leur geste, liés par leur promesse. Et ils s'assirent tous autour de la table et terminèrent ensemble le repas.

Le lendemain matin, les trois hommes se préparaient à partir au combat, quand le vaillant guerrier insista pour se joindre à eux.

— Attends demain, reste aujourd'hui à la maison, lui conseillèrent les trois frères.

— Non, non... Je devrais être capable, en maniant l'épée, de remplacer le bras qui manque à l'un de vous trois... Et puis j'aimerais savoir pourquoi ceux que vous tuez se retrouvent vivants le matin suivant.

Les quatre hommes partirent donc et, leur querelle oubliée, ils allaient en causant de bonne amitié.

Ils arrivèrent sur le lieu de la bataille où les attendaient les trois armées ennemies, hérissées d'épées, et de piques, et de toutes les armes possibles qu'on utilisait en ce temps-là.

— Asseyez-vous et laissez-moi faire, demanda le vaillant guerrier aux trois frères. Il faut que je sache ce que je vaux dans des circonstances pareilles.

Les trois frères finirent par accepter. Au bout de deux heures, le jeune homme, à lui seul, avait coupé toutes les têtes des trois armées. Pour obtenir le même résultat, les trois frères avaient besoin de la journée et parfois d'une partie de la soirée.

— Je ne rentrerai pas avec vous, déclara le vaillant guerrier aux trois hommes. Je veux savoir pourquoi ceux dont j'ai fait voler les têtes se tiendront demain debout devant moi.

— Mais si elle ne te voit pas rentrer avec nous, notre sœur croira que nous t'avons tué... Elle en deviendra folle de chagrin !

— Tant pis... Je ne quitterai pas ces lieux avant d'avoir compris. Si, d'ici à demain, je ne suis pas rentré à la maison, alors vous pourrez revenir.

Quand le jeune guerrier resta seul sur le champ de bataille, il se cacha parmi les tas de morts et attendit. De temps en temps, il risquait un œil au-dessus des cadavres pour voir si quelque chose se produisait.

Il était juste minuit lorsqu'il entendit un bruit. Une sorcière s'avançait, tenant à la main un pot, une sorte d'encrier, dans lequel trempait une plume. Avec celle-ci, elle aspergeait chaque corps d'une goutte du liquide contenu dans le pot. Et le mort reprenait vie, sautait sur ses pieds, plus fort que jamais.

La sorcière se hâtait et déjà une quantité impressionnante de combattants, armés jusqu'aux dents, piétinait dans la nuit. Le jeune guerrier, sans attendre davantage, se décida à agir. Lui aussi sauta sur ses pieds. Son irruption causa de la surprise et il n'eut aucun mal à les massacrer tous. Mais quand il s'approcha de la sorcière, ce fut une autre affaire. Il eut plus de difficulté à venir à bout d'elle seule que de tous ceux qu'il avait exterminés dans la journée.

Enfin il y parvint. Au moment où il s'apprêtait à lui trancher la tête, elle lui dit d'une voix étouffée :

— Je te jette un sort.

*Tu ne connaîtras*
*Ni trêve ni paix,*
*Tant que tu n'auras*
*Enfin rencontré*
*Le Roi du Pont.*
*Lors tu lui diras :*
*Moi seul ai tué*
*La Truie et ses Petits.*

Elle se tut et ferma les yeux et il lui coupa la tête.

Il se mit en quête du royaume du Pont. Dès qu'il arriva, pour défier le roi, il frappa à la porte d'entrée avec tant de force que le sol trembla tout autour de lui et que les animaux à naître se retournèrent neuf fois dans le sein de leur mère, le veau dans la vache, l'agneau dans la brebis, le chevreau dans la chèvre, le goret dans la truie et le poulain dans la jument.

— Que me veux-tu ? demanda le Roi du Pont au jeune homme.

— Je viens de tuer la Truie et ses Petits.

— C'était mon alliée contre les trois frères ! Si tu l'as réellement tuée, tu ne tueras personne d'autre, car je vais m'occuper de toi ! À moins que tu ne sois le meilleur guerrier du monde, ce que je ne crois pas.

Ils se battirent avec tant de haine, et de rage, et d'acharnement que la terre sous leurs pas se creusait et que les roches s'amollissaient. Ils grinçaient des dents, ils tiraient des éclairs de leurs épées, ils arrachaient de leurs corps des ruisseaux de sueur et de sang. Le jour s'achevait et le combat se poursuivait.

Un rouge-gorge vint à tire-d'aile et se posa sur l'épaule du jeune guerrier. Il chanta :

« Hélas, pauvre enfant des rois d'Irlande, tu as bien mal choisi ta place pour mourir. Combien de temps me faudra-t-il pour recouvrir ton corps avec les feuilles des arbres ? »

À ce chant, l'angoisse saisit le cœur du jeune homme. Dans un dernier sursaut, il se rua sur son adversaire et l'enfonça dans le sol jusqu'à la taille, puis jusqu'à la gorge, enfin jusqu'au sommet du crâne.

— Retourne dans la terre d'où tu viens, paysan ! cria le vaillant guerrier au Roi du Pont.

— Qu'il en soit ainsi, dit celui-ci d'une voix faible. Mais d'abord, je te jette un sort.

*Tu ne connaîtras*
*Ni trêve ni paix,*
*Tant que tu n'auras*
*Enfin rencontré*
*Le Roi du Cimetière.*
*Lors tu lui diras :*
*Moi seul ai tué*
*La Truie et ses Petits,*
*Et le Roi du Pont.*

Le jeune guerrier s'éloigna et il marcha, marcha, jusqu'à ce qu'il eût trouvé le royaume du Cimetière. Pour défier le roi, il frappa à la porte avec une violence telle que la terre tout autour de lui trembla et que les animaux à naître se retournèrent neuf fois dans le sein de leur mère, le veau dans la vache, l'agneau dans la brebis, le chevreau dans la chèvre, le goret dans la truie et le poulain dans la jument.

— Que me veux-tu ? demanda au jeune homme le Roi du Cimetière.

— Je viens de tuer la Truie et ses Petits et le Roi du Pont.

— C'étaient mes alliés contre les trois frères ! Prends garde à toi ! Tu ne tueras personne d'autre, à moins que tu ne sois meilleur guerrier que moi... ce que je ne crois pas.

Ils se battirent comme deux béliers, comme deux taureaux, comme deux lions, comme deux hommes en proie à la rage de vaincre. Sous leurs pas le sol se creusait, arbres et rochers s'effondraient, tandis qu'ils grinçaient des dents et que de leur corps s'écoulaient des ruisseaux de sueur et de sang.

Comme la journée s'achevait et que la lutte s'éternisait, un rouge-gorge descendit du ciel, se posa sur l'épaule du guerrier et se mit à chanter :

« Tu es venu de bien loin pour mourir en ce lieu... Il me faudra bien des jours pour recouvrir ton corps avec les feuilles des arbres. »

En entendant ces mots, le jeune homme, saisi par l'angoisse, rassembla ses dernières forces et se jeta sur son ennemi. Il le fit trébucher et, d'un coup formidable, il l'enfonça dans le sol jusqu'à la taille, d'un deuxième coup jusqu'à la gorge et d'un troisième jusqu'au sommet du crâne.

— Retourne dans la terre d'où tu viens, paysan ! cria le vaillant guerrier au Roi du Cimetière.

— Qu'il en soit ainsi, dit le roi d'une voix éteinte. Tu es le meilleur guerrier que j'aie rencontré. Mais avant de me couper la tête, sache que je te jette un sort. Tu devras affronter le plus terrible ennemi des trois frères...

*Tu ne connaîtras*

*Ni trêve ni paix*
*Tant que tu n'auras*
*Enfin rencontré*
*Le Chat de la Grotte.*
*Lors tu lui diras :*
*Moi seul ai tué*
*La Truie et ses Petits,*
*Le Roi du Pont*
*Et le Roi du Cimetière.*

Le jeune guerrier marcha, marcha et finit par arriver, à la nuit tombante, devant la grotte du chat. L'entrée en était éclairée. La lumière, à l'intérieur, était vive, on pouvait distinguer le moindre caillou sur le sol, le moindre trou dans la paroi rocheuse. Mais pas de chat : on ne le voyait nulle part.

Le guerrier avança prudemment, l'épée à la main, et parcourut, pas à pas, la grotte immense. Comme il en atteignait l'extrémité, il découvrit enfin son adversaire – un petit chat, couché sur une arche de pierre, qui surplombait le fond de la grotte.

Le chat le regardait. Le rayon vert qui sortait de ses yeux était si éclatant qu'il illuminait tout l'espace et qu'en tombant sur le visage du guerrier il l'aveugla. Le jeune homme demeura ferme et s'adressa au chat :

— C'est moi qui ai tué la Truie et ses Petits, le Roi du Pont et le Roi du Cimetière.

Le chat ne répondit pas. Il s'étira, il se gonfla, il enfla démesurément, il sembla emplir la grotte. Puis il étendit une patte et déchira d'un coup la poitrine du vaillant guerrier, en retira le cœur et les poumons, qu'il jeta sur le sol. Mais ce faisant, il découvrit aux yeux de l'homme un trou qu'il avait sous l'aisselle, entre le haut de la patte et l'épaule. Le guerrier, avant de mourir, eut le temps d'y enfoncer son épée et d'atteindre le cœur de l'animal.

Le chat tomba sur le guerrier mort et son cadavre, énorme et lourd, le recouvrit entièrement.

Le jour suivant, les trois frères se rendirent sur le champ de bataille où ils avaient coutume d'aller. Leur sœur les accompagnait.

Ils découvrirent leurs ennemis morts, morte aussi la sorcière, à côté de sa plume et de son petit pot, qui avaient roulé par terre. Ils ne virent aucune trace du jeune guerrier. Ils pensèrent que celui-ci était parti chez le Roi du Pont, puisqu'il était l'allié de la sorcière. Avant de quitter les lieux, la jeune femme ramassa la plume et le pot et les mit dans sa poche.

Ils découvrirent le Roi du Pont, mort, mais aucune trace du jeune guerrier. Alors ils se dirigèrent vers le royaume du Cimetière, car ils voulaient à tout prix retrouver leur ami, même s'il n'était plus en vie.

Ils découvrirent le Roi du Cimetière, mort, et ils admirèrent la vaillance du jeune guerrier qui les avait débarrassés de leurs principaux ennemis. Mais ils n'apercevaient aucune trace de lui. Et ils se désolaient à l'idée qu'il ait pu se rendre dans la grotte du chat, leur adversaire le plus terrible. Aucun être n'avait jamais échappé aux griffes de ce monstre.

La nuit était venue, la grotte était plongée dans l'ombre au moment où ils l'atteignirent. Ils avançaient à tâtons et finirent par découvrir le cadavre du chat – mais aucune trace d'homme, vivant ou mort. Déjà ils se retiraient quand la jeune femme, qui marchait derrière eux, trébucha sur une chaussure.

— C'est la chaussure du guerrier ! Je la reconnais... Il est là... là-dessous... Venez, mes frères !

Tous les quatre, unissant leurs forces, essayèrent en vain de déplacer l'énorme cadavre. Comme ils n'y parvenaient pas, ils le coupèrent en morceaux avec leur épée et trouvèrent enfin le corps mutilé du vaillant guerrier.

Heureusement, son cœur et ses poumons n'étaient pas loin. Les trois frères les replacèrent dans la poitrine du jeune homme et leur sœur jeta sur ses plaies le liquide que contenait encore le pot de la sorcière.

Le vaillant guerrier revint à la vie, sauta sur ses pieds, aussi sain qu'avant, aussi vigoureux, toujours amoureux.

Ses noces avec la sœur des trois frères durèrent sept jours, sept nuits entières. Ô mes amis, quel festin ! Je ne vous dis pas comment ils se régalèrent, du début jusqu'à la fin !

# L'Arapusca

*Roumanie*

*Voici, sur une trame connue, une histoire étrange, belle et cruelle, comme son héroïne, l'Arapusca. C'est une jeune fille ailée, dont le nom vient du mot roumain « aripa » – qui signifie « aile ».*

Il était une fois un très vieil empereur qui allait bientôt mourir. Avant de rendre le dernier soupir, il fit venir ses trois fils, tous les trois beaux et vaillants. Il leur recommanda de poursuivre son œuvre, de guerroyer avec leurs voisins pour agrandir leurs terres, mais de ne jamais pénétrer à l'ouest, dans l'empire de l'Arapusca. Quiconque y entrait n'en ressortait pas. Le vieil homme mourut et ses fils devinrent empereurs à leur tour, tous les trois ensemble, car les trois frères s'entendaient bien.

Cependant l'aîné pensait que son père, à propos de l'Arapusca, avait exagéré le danger. Dans cet empire de l'Ouest, on ne voyait que des plaines désertes, s'étendant à perte de vue. Ni villes ni villages, pas d'habitants. Que pouvait-on y craindre ? Il résolut de s'y rendre. Après avoir fait part de son projet à ses frères, qui l'approuvèrent, il réunit une nombreuse armée et partit. Si, au bout d'un an, il ne revenait pas, le deuxième frère irait à sa recherche, puis le troisième, au bout d'une autre année.

L'empereur et son armée marchèrent, pendant des jours et des jours, vers l'ouest, dans un pays tout plat, sans arbres, sans eau, sans âme qui vive, juste le sable, le ciel et la lumière d'un soleil brûlant. Les soldats s'épuisaient, ils avaient faim et surtout soif et commençaient à murmurer, quand ils virent se dresser au loin sur la plaine, dans le rayonnement du couchant, un palais.

Les hommes s'approchèrent en silence, formèrent un cercle autour du bâtiment, prêts à se servir de leurs armes au commandement de l'empereur. Ils finirent par entrer, précautionneusement.

Ils ne trouvèrent personne à l'intérieur, aucune trace humaine, seulement des salles vides, luxueuses. Le cristal, le marbre, l'or, l'argent, toutes les sortes de pierres précieuses brillaient à la lumière de milliers de chandelles. Sur une longue table étaient posés quantité de mets raffinés, plus que les soldats n'en pourraient jamais manger. Mais il n'y avait rien à boire et tous mouraient de soif.

Aussi, quand ils découvrirent la cave, ils se précipitèrent. On pouvait s'y promener trois jours de suite sans en voir le bout, tant elle était grande, et se perdre entre les tonneaux remplis d'un vin délicieux. Toute l'armée but jusqu'à plus soif, même les chefs, même l'empereur, et quand ils cessèrent de boire, laissant les robinets ouverts, ils roulèrent les uns sur les autres, au milieu de ruisseaux de vin, et s'endormirent du profond sommeil de l'ivresse, tous, sans exception, jusqu'aux chefs, jusqu'à l'empereur lui-même.

Alors au milieu de la nuit arriva l'Arapusca. Elle vint à tire-d'aile, belle comme le soleil, et tenant à la main droite une épée étincelante.

D'un seul geste, elle faucha les têtes de tous les soldats, des chefs et de l'empereur. Puis elle s'amusa à les piquer, de la pointe de l'épée, pour les lancer derrière le palais, sur un tas de cadavres qui se trouvait déjà là. Ensuite elle essuya soigneusement son arme, ferma les robinets des tonneaux, lava le sang répandu, de sorte qu'il ne reste plus aucune trace des événements de la nuit. Cela fait, elle monta jusque dans la salle où la table était mise. Elle mangea et, dès que l'aube pointa, s'envola.

Au bout d'un an, ne voyant pas revenir l'empereur et son armée, le deuxième frère, ainsi qu'il en avait été convenu, partit pour l'empire de l'Ouest. Il emmena avec lui les soldats qui restaient. Il eut le même sort que l'aîné.

Alors, au bout d'une autre année, le cadet partit à son tour, à la tête d'une toute petite armée. Mais quand il arriva près du palais, il n'imita pas ses hommes, qui descendirent tous à la cave. Il resta à l'extérieur, se cacha dans un arbre et attendit.

Au milieu de la nuit, il sentit un grand coup de vent qui fit trembler les branches, il entendit un bruit d'ailes et l'Arapusca se posa. Elle lui sembla si belle qu'il en fut ébloui.

Elle entra dans le palais. Bientôt il vit voler par les fenêtres les têtes de ses soldats, qui rejoignaient le tas de cadavres. Il était accablé de douleur et de colère, mais que pouvait-il faire ? Il demeura où il était. À l'aube, l'Arapusca sortit et reprit son vol.

Aussitôt le jeune homme dégringola de son arbre, sauta sur son cheval et galopa, galopa, à la poursuite de l'Arapusca. Heureusement pour lui, elle ne se retourna pas.

L'un suivant l'autre, ils franchirent des monts et des plaines et des vallées et des forêts. Enfin ils arrivèrent dans l'empire des chardonnerets, perché sur le sommet d'une montagne.

Pour laisser le cheval souffler, le jeune empereur, qui était, lui aussi, fatigué, ralentit son allure. Un instant d'inattention et il perdit de vue l'Arapusca. Où était-elle allée ?

— Savez-vous où l'Arapusca demeure, gentils oiseaux ? demanda-t-il aux chardonnerets.

— Nous ne le savons pas, répondirent-ils en chœur. Nous pouvons seulement t'indiquer le chemin qu'elle prend, puisque toutes les nuits, sans s'arrêter, elle passe par ici.

L'empereur remercia les chardonnerets et poursuivit sa route. Il arriva dans l'empire des corbeaux, des aigles et des grues.

— Savez-vous où l'Arapusca demeure, nobles oiseaux ? demanda-t-il.

— Nous ne le savons pas, répondirent-ils en chœur. Mais prends ce chemin, puisqu'elle le prend, toutes les nuits, en passant par ici.

L'empereur les remercia et poursuivit son chemin. Il alla plus loin, très loin, jusque dans l'empire des alouettes, des loriots et des grives.

— Savez-vous où l'Arapusca demeure, chers oiseaux ? demanda-t-il.

— Non, nous ne le savons pas, répondirent-ils en chœur. Nous pouvons seulement...

— Si, si, moi je le sais, cria une petite alouette, qui arrivait en clopinant, l'aile à demi arrachée. Je le sais et je suis payée pour le savoir ! C'est à elle que je dois mon infirmité.

— Mais qui est-elle, au juste, cette Arapusca si cruelle et si belle ?

— Oh, ce n'est qu'une jeune fille ordinaire, qui serait comme toutes les autres, si elle ne possédait son épée. De son épée elle tire toute sa force. Avec son épée, elle peut détruire le monde.

— Et tu sais où se trouve sa demeure ? Tu pourrais m'y conduire ?

— Je le peux. Mais es-tu bien sûr de le vouloir ? C'est dangereux.

— Je le veux.

— Qu'il en soit donc ainsi. (L'alouette toucha le front du jeune homme de son aile et ajouta :) Fais trois fois la culbute.

L'empereur obéit et se métamorphosa en mouche. Il monta sur le dos de l'alouette et elle s'éleva jusqu'en haut du ciel, en un vol si rapide qu'il dut s'agripper de toutes ses forces aux plumes de l'oiseau.

Encore quelques coups d'ailes, ils étaient arrivés.

— Eh bien, dit le jeune homme, tu n'as pas traîné ! J'ai bien cru que j'allais tomber !

— C'est pourquoi je t'ai transformé en mouche ! Si tu étais resté humain, nous en aurions eu pour trois ans. À présent nous touchons au but. Vois-tu, là-haut, le palais sur la colline ? C'est la demeure de l'Arapusca. Fais-en le tour, par-derrière tu verras une porte d'or. Entre et va jusque dans sa chambre. Elle y sera endormie. Prends-lui son épée et cache-la bien, au fond du ciel ou de la terre, qu'importe ! mais de telle sorte qu'elle ne la retrouve jamais. Ensuite tu feras de la jeune fille ce que tu voudras. Bon, maintenant, pour redevenir un homme, culbute trois fois sur toi-même. Bonne chance et adieu.

L'empereur ne savait comment remercier l'alouette. Il cherchait encore ses phrases qu'elle était déjà partie. L'alouette est une bonne fille toute simple, elle n'aime pas les démonstrations de reconnaissance.

L'empereur monta sur la colline jusqu'au palais et suivit, point par point, les conseils de l'oiseau. Quand il eut caché l'épée, qu'il fut sûr qu'on ne la retrouverait jamais, il entreprit de réveiller la belle, qui dormait profondément. Il la caressa et l'embrassa si bien qu'elle finit par ouvrir les yeux.

Elle vit le jeune homme à ses côtés, elle ne vit plus son épée. Elle eut beau froncer les sourcils, réclamer, ordonner, supplier, rien à faire, l'empereur ne céda pas. L'épée était à jamais perdue.

L'Arapusca comprit qu'elle était devenue une jeune fille comme les autres et puisque le garçon qui l'embrassait ne lui déplaisait pas, elle lui rendit ses baisers.

Les noces furent célébrées peu de temps après et les nouveaux mariés décidèrent de retourner dans le pays du jeune homme. Pour cela, ils devaient traverser l'empire de l'Ouest, où l'Arapusca avait autrefois fait tant de ravages.

Mais au fur et à mesure qu'ils avançaient, le désert reprenait vie, des arbres et des sources bruissaient dans des oasis pleines de murmures, des cloches sonnaient dans des villes où la foule se pressait et tous ceux qui étaient morts, soldats, chefs et empereurs, tous ressuscitaient.

*Moi, je suis monté en selle*
*Pour vous conter la nouvelle.*
*Ni vérité ni mensonge,*
*Elle est née au temps des songes.*

# La vieille dans la bouteille

*Angleterre*

There was an old woman
Who lived in a shoe...
*Il était une vieille*
*Qui vivait dans une chaussure...*

*Ainsi commence une comptine que les petits Anglais connaissent bien. Cette fois, c'est dans une bouteille de vinaigre qu'elle habite, cette vieille, au début de notre conte. Quel point de départ inattendu !*

Il était une fois une vieille qui vivait dans une bouteille. Cette bouteille avait contenu du vinaigre, et la vieille, comme le vinaigre, avait le teint rouge et l'esprit aigre.

— Si c'est pas malheureux, ronchonnait-elle. Être obligée de vivre dans une bouteille ! C'est une véritable maison qu'il me faut, une jolie petite chaumière avec des rosiers grimpants sur les murs.

Une fée qui passait par là l'entendit.

— Très bien, lui dit-elle. Ce soir, avant de t'endormir, tourne-toi trois fois dans ton lit. Et demain, tu verras bien.

La vieille obéit et le lendemain elle se retrouva dans une jolie petite maison, couverte d'un toit de chaume, et des rosiers fleuris grimpaient le long des murs. Elle était étonnée, elle était enchantée, mais elle oublia de remercier la fée.

La fée vaquait à ses affaires aux quatre coins du monde, quand elle se souvint tout à coup de la vieille couleur de vinaigre. « J'aimerais savoir ce qu'elle devient. Elle doit être heureuse dans sa chaumière. »

Mais comme la fée s'en approchait, elle entendit la vieille grommeler :

— Si c'est pas malheureux de vivre ici toujours toute seule... Ce qu'il me faudrait, c'est une maison aux murs de briques, avec des rideaux de dentelle aux fenêtres, sur la porte, un bouton de cuivre et, dans la rue, des marchands qui crient pour attirer la clientèle : « Achetez mes moules... mes belles moules... Regardez mon poisson, comme il est frais ! »

La fée était plutôt surprise. Cependant elle dit à la vieille :

— Très bien. Ce soir, avant de t'endormir, tourne-toi trois fois... Et demain, tu verras bien.

Le lendemain, la vieille se retrouva dans une maison de briques, avec des rideaux de dentelle et un bouton de porte en cuivre, et les cris des marchands dans la rue montaient jusqu'à ses fenêtres : « Mes moules... mes belles moules... Mon poisson tout frais... »

La vieille était étonnée, enchantée, mais elle oublia de remercier la fée.

La fée vaquait à ses affaires aux quatre coins du monde, quand elle se souvint tout à coup de la vieille couleur de vinaigre. « Elle doit se plaire, à présent, dans sa maison à rideaux de dentelle », pensa-t-elle.

Aussi la fée fut-elle stupéfaite, en s'approchant, d'entendre la vieille bougonner :

— C'est bien malheureux d'être obligée de vivre au milieu de gens aussi grossiers que ces vendeurs de moules... Non, ce qu'il me faudrait, c'est un manoir à la campagne, dans un grand parc... J'aurais aussi des domestiques qui accourraient à mon appel, chaque fois que j'agiterais ma sonnette d'argent.

La fée était bonne fille. Encore une fois, elle conseilla à la vieille de se tourner dans son lit.

— Et demain, tu verras bien !

Le lendemain, la vieille, guère étonnée, à peine enchantée, se retrouva dans son manoir en pleine campagne, une nuée de domestiques autour d'elle. Pour pouvoir leur donner ses ordres et jouer son rôle de dame, il lui fallait apprendre à s'exprimer dans un langage plus raffiné. Cela lui causa du souci. Et, bien sûr, elle oublia de remercier la fée.

La fée vaquait à ses affaires aux quatre coins du monde, quand tout à coup elle se souvint de la vieille couleur de vinaigre. « J'espère qu'enfin elle apprécie son manoir dans la campagne et sa nuée de domestiques. »

Mais comme elle s'approchait, elle entendit une voix distinguée qui se plaignait :

— Il est bien malheureux, vraiment, qu'une femme de ma qualité soit privée de toute société... Si j'étais duchesse, je pourrais aller chez la reine. Je m'y rendrais dans mon propre carrosse, au galop de mes chevaux, et mes valets courraient de chaque côté.

La fée n'en revenait pas, pourtant elle accéda encore au désir de la vieille.

— Ce soir, avant de t'endormir... Et demain, tu verras bien.

Le lendemain, la vieille se retrouva duchesse et recevait tous les honneurs dus à son rang. Elle ne montra aucun étonnement et, naturellement, elle oublia de remercier la fée.

La fée vaquait à ses affaires aux quatre coins du monde, quand elle se souvint tout à coup de la vieille couleur de vinaigre. « Notre duchesse est-elle satisfaite ? » se demandait-elle en s'approchant du château.

Alors elle entendit une voix murmurer :

— Comme c'est dommage... vraiment dommage qu'une personne de ma condition s'abaisse à courtiser la reine. Reine, je devrais l'être moi-même. Posséder un trône doré, une couronne d'or sur la tête et des courtisans à mes pieds.

La fée était déçue et mécontente. Mais elle ne le montra pas.

— Très bien, dit-elle. Va te coucher... Et demain, tu verras bien.

Le lendemain, la vieille était reine. Tout occupée par sa nouvelle dignité, elle n'eut pas une pensée pour la fée.

La fée vaquait à ses affaires aux quatre coins du monde, quand elle se souvint tout à coup de la vieille couleur de vinaigre. « Allons rendre hommage à la reine », se dit-elle en se dirigeant vers le royaume.

La vieille était assise sur le trône, la couronne de travers sur la tête. Elle se parlait à elle-même d'un ton rageur :

— C'est une honte d'être la reine d'un misérable petit pays comme celui-ci... En réalité je suis faite pour être souveraine du monde entier... Comme le pape en personne, régner sur tous les esprits, partout, dans tout...

— Très bien, l'interrompit la fée. Ce soir, avant de t'endormir, tourne-toi trois fois dans ton lit. Et demain, tu verras bien.

Le lendemain, la reine se retrouva dans la bouteille – une vieille à l'esprit aigre, au teint couleur de vinaigre.

## LE CRABE ENCHANTÉ

*Italie*

*Le grand écrivain italien, Italo Calvino, dont vous connaissez peut-être certains livres, a recueilli ce conte dans la région de Venise. Vous en trouverez ici une adaptation. Comme on peut s'y attendre, tout se passe sur l'eau – et même dessous...*

Il était une fois une petite princesse capricieuse, qui vivait dans un palais, au bord de la mer. Le roi son père l'adorait et cédait à tous ses caprices. Comme elle aimait par-dessus tout la mer et les créatures de l'eau, il avait fait construire exprès pour elle un bassin, au milieu du jardin. Elle passait là des heures à regarder nager dorades et mulets et scintiller les coquillages. Ce qu'elle ne savait pas, ni le roi non plus, c'est que, par des couloirs souterrains, ce bassin communiquait avec la mer.

Un jour, sur le rivage au pied du palais, un pauvre pêcheur attrapa un crabe comme il n'en avait jamais vu : énorme, d'un beau brun brillant, avec de grosses pinces qui s'agitaient.

« Je vais le proposer au roi, se dit-il. J'en tirerai un bon prix. »

— Que veux-tu que je fasse de ça ? s'exclama le roi. Va le vendre ailleurs.

— Je le veux, moi, je le veux pour mettre dans mon bassin, cria la princesse qui entrait à ce moment-là.

Elle tapait du pied et le roi céda.

Pensez si le pêcheur était content ! Avec l'argent qu'il reçut, il courut acheter de la farine pour que sa femme lui fasse une bonne polenta, cette délicieuse bouillie de maïs.

La princesse installa son crabe, il devint le roi du bassin. Les poissons pouvaient bien tourner en rond et les coquillages briller de plus belle, elle n'avait d'yeux que pour son crabe. Plus le temps s'écoulait, plus elle l'aimait. Mais ce qu'elle ne comprenait pas, c'est pourquoi il disparaissait, tous les jours, entre midi et trois heures. Elle avait beau écarquiller les yeux et se creuser la cervelle, elle ne savait pas où passait ce crabe.

À la fin, elle en eut assez et resta un matin à bouder dans sa chambre. Juste au moment où elle ouvrait sa fenêtre, donnant sur le rivage, un mendiant qui cheminait par là l'interpella. Il lui demandait la charité. Elle s'amusa à lui lancer des pièces, qu'il attrapait au vol, mais l'une d'elles tomba loin, dans les vagues. Le mendiant se jeta à l'eau pour la saisir.

Alors il fut happé par un tourbillon, entraîné dans un couloir obscur, et il s'enfonça sous la mer. Par chance, il savait nager. Il finit par déboucher dans une salle souterraine magnifique, étincelante d'or et de nacre, tapissée de rideaux de perles. Au centre se dressait une table, chargée de plats appétissants.

Il s'apprêtait à y goûter lorsqu'il entendit des tapotements qui se rapprochaient. Vite, il se cacha derrière un rideau et vit apparaître un gros crabe, avec une fée assise sur son dos. La fée descendit, toucha la carapace de sa baguette : il en sortit un beau jeune homme, qui avait tout l'air d'un prince.

Ils repoussèrent la carapace vide et se mirent à table. Ils mangèrent, ils burent, puis le jeune homme rentra dans la carapace, la fée remonta sur son dos, ils plongèrent sous l'eau et ils disparurent.

Notre mendiant, derrière son rideau, pendant ce temps, réfléchissait. Comme tout le monde dans le pays, il avait entendu parler du crabe bien-aimé de la princesse, qui disparaissait tous les après-midi, et qu'elle cherchait partout en vain. « Il s'agit sûrement de ce crabe-ci, se disait le mendiant. Si je parlais à la princesse de ce que j'ai vu ? Cette fois, c'est une bourse entière qu'elle me donnerait en récompense... »

De retour sur la terre ferme, le mendiant alla donc trouver la princesse. En échange d'une bourse bien garnie, il accepta de la conduire, le lendemain, sous la mer, par les chemins de l'eau, jusqu'à la salle merveilleuse.

La princesse savait nager, elle le suivit. À peine étaient-ils arrivés dans la salle à manger sous-marine et cachés derrière un rideau de perles que le crabe arrivait avec la fée.

Tout se déroula comme la veille. Pendant que le beau jeune homme déjeunait avec sa compagne, la princesse, écartant les rangées de perles dévorait le prince des yeux. Elle, qui l'avait aimé sous sa forme animale, l'aimait mille fois plus encore sous sa forme humaine.

Une idée alors traversa sa jolie tête. Malgré le mendiant, qui essayait de l'en empêcher, elle se faufila hors de sa cachette et se glissa, sans être vue, dans la carapace vide, abandonnée dans un coin. Aussi quand, un peu plus tard, le prince eut achevé son repas et regagné la carapace, il trouva la belle blottie contre lui.

— Que fais-tu là ? chuchota-t-il tout en actionnant vigoureusement ses pinces, car il devait reconduire la fée à la mer, avant de retourner dans son bassin.

— Je ne sais pas... Je t'ai suivi... Je me doutais que tu n'étais pas un vrai crabe.

— Je suis un prince auquel la fée a jeté un mauvais sort.

— Je t'en délivrerai. Dis-moi ce qu'il faut faire.

— Ce qu'il faut faire... C'est dangereux. M'aimes-tu assez pour le tenter ?

— Je t'aime encore bien plus que tu ne crois.

— Alors écoute... Il faudra que tu joues du violon, debout sur un récif, au bord de l'eau. La fée surgira aussitôt du fond de la mer, elle adore la musique. Quand tu t'arrêteras, elle te demandera de jouer encore. Il faudra que tu acceptes à une condition : qu'elle te donne la fleur qui orne sa chevelure. Cette fleur, c'est ma vie à moi. Dès qu'elle sera en ta possession, je serai délivré du mauvais sort et redeviendrai prince à jamais.

— Mais si la fée refuse de me donner la fleur ?

— Elle ne refusera pas. Elle raffole de la musique.

— Alors je sais ce qu'il me reste à faire.

Dès que le crabe fut revenu dans le bassin, la princesse sortit de la carapace et courut à la salle du conseil où se trouvait le roi, au milieu de ses ministres.

— Papa, mon petit papa, je veux apprendre la musique, je veux apprendre à jouer du violon, donne-moi un maître, donne-moi un violon tout de suite, lui dit-elle sans reprendre haleine.

— Ah bon, répondit le roi, surpris mais rassuré que, pour une fois, sa fille lui fasse une demande raisonnable. En effet, il convient à la fille bien élevée d'un roi de connaître la musique.

Au bout de trois semaines, la princesse déclara :

— Maintenant que je sais jouer, j'aimerais donner un concert sur...

— Bonne idée, interrompit le roi.

— Sur un récif au bord de la mer.

— Sur un récif au bord de la mer ?... Pour que tu tombes à l'eau ? Non, non et non ! protesta le roi.

Pourtant, trois jours plus tard, la princesse accordait son violon, debout sur un récif, et sur huit petits écueils se tenaient ses huit demoiselles d'honneur, toutes vêtues de blanc. Au loin, très loin, dans la rade, les vaisseaux de la marine montaient la garde, par ordre du roi. Pour ne pas encourir la colère de sa fille, ils ne devaient se manifester qu'en cas d'extrême danger.

La princesse n'eut pas plus tôt commencé à jouer que la fée sortit des flots.

— Comme tu joues bien ! Quels beaux sons ! Je t'en prie, continue pour moi.

— Je veux bien... à une condition. Que vous me donniez la fleur que vous avez dans les cheveux. Elle est si belle ! Si vous adorez la musique, moi, j'aime les fleurs à la folie.

— La fleur... oui. Mais joue d'abord.

Quand la princesse eut fini son concert, « Voici ta fleur », cria la fée en la lui lançant le plus loin qu'elle put dans la mer.

La princesse n'hésita pas, plongea et se mit à nager de toutes ses forces vers le large. « Princesse ! Princesse ! Ne vous éloignez pas ! Au secours, au secours ! » clamèrent les huit demoiselles d'honneur en agitant leurs blanches écharpes. Quant à l'amiral de la flotte, à tout hasard, il commanda à ses vaisseaux de mettre à la voile pour se rapprocher – pas trop près toutefois, car il savait la princesse bonne nageuse et craignait sa colère, au cas où il interviendrait.

Pendant ce temps, la fleur, flottant au gré des flots, s'éloignait de plus en plus du rivage et la princesse se demandait si elle parviendrait à l'atteindre. Elle nageait moins vite à présent, elle s'épuisait. Enfin, une vague plus grosse que les autres souleva la fleur et la déposa dans sa main.

La princesse avait la fleur ! Mais elle était loin de la côte. Pour revenir il lui fallait nager encore longtemps. Elle sentit alors quelque chose passer sous ses pieds et elle entendit une voix :

— Ne crains rien, ma bien-aimée, je vais t'aider à regagner ton palais. Tu m'as sauvé la vie, ma vie t'appartient désormais.

C'était le prince-crabe. Naturellement, il nageait comme un poisson et la princesse était légère. En la soulevant au-dessus des flots, il ne mit pas longtemps à la ramener au rivage, tout en lui murmurant des douceurs :

— Demain je reviendrai demander ta main à ton père. D'ici là, je t'en supplie, pas un mot de notre aventure, à personne et surtout pas au roi.

— Ah, papa, comme je me suis bien amusée ! dit simplement la princesse en reprenant pied sur le sol, tandis que le prince disparaissait au fond de l'eau et que les vaisseaux royaux, dont personne n'avait eu besoin, s'en retournaient vers le port, en gonflant leurs voiles majestueuses.

Le lendemain, le prince, à la tête d'un somptueux cortège, vint faire au roi sa demande officielle. Celui-ci, fort étonné, envoya chercher sa fille.

Elle accourut, se jeta dans les bras du jeune homme.

— C'est mon crabe ! C'est mon prince ! C'est lui que je veux pour époux ! dit-elle en guise d'explication.

Le pauvre roi ne comprenait rien à ce nouveau caprice. Les jeunes gens lui expliquèrent tout, le suppliant d'accepter leur mariage. Le roi était un peu vexé de n'avoir rien deviné, et que sa flotte royale n'ait pas servi. Mais bien sûr, il céda.

Si la belle, mariée et heureuse, devint moins capricieuse, l'histoire ne le dit pas.

# LE CORBEAU PIQUÉ À LA PATTE

*Turquie*

*Un corbeau qui tire une vache au bout d'une corde, vous connaissez ? Au temps où les bêtes parlaient, ce corbeau malin se moquait des humains. Tout ce qu'il voulait, il l'obtenait. Et puis un berger, la flûte à la bouche, s'est mis à jouer... Mais lisez plutôt.*

Il était une fois un corbeau qui se promenait dans la campagne. *Frutt, frutt, frutt,* faisait le bruit de ses ailes.

Il se posa sur un buisson. *Aïe !* Une épine lui entra dans la patte.

Il la retira avec son bec et l'emporta jusqu'à une chaumière. Il frappa à la fenêtre. *Toc ! toc ! toc !*

— Que veux-tu, mon fils ? demanda la vieille qui habitait là.

— Peux-tu me garder cette épine, s'il te plaît, grand-mère ? Je reviendrai la chercher bientôt.

— Bien sûr, mon fils.

Un jour passa, deux jours... Le soir du troisième jour, comme la nuit tombait, la vieille alluma sa chandelle. Pauvre vieille ! Elle n'y voyait guère : la chandelle était usée, la mèche enfoncée. Comment faire ressortir cette mèche ?

Alors elle se souvint de l'épine apportée par le corbeau. Parfait pour tirer la mèche. Mais quand celle-ci fut tirée et que la flamme jaillit, l'épine flamba. Plus d'épine. « Tant pis, se dit la vieille. Ce n'est pas grave. »

Juste à ce moment, on frappa à la vitre : c'était le corbeau qui venait chercher son bien. La vieille dut lui expliquer que l'épine était réduite en cendres.

— Ça ne fait rien, grand-mère, dit-il, je vais attendre.

Il s'installa sur le bord de la fenêtre et se mit à chanter :

*Cra ! cra ! cra ! ou l'épine ou la chandelle !*

*Cra ! cra ! cra ! ou l'épine ou la chandelle !*

Ainsi pendant plus d'une heure. À la fin, la vieille, impatientée, lui donna son bout de chandelle et il s'envola à tire-d'aile, *frutt, frutt, frutt,* jusqu'à la chaumière voisine, où habitait une autre vieille.

Il frappa à la vitre.

— *Toc ! toc ! toc !* Grand-mère, peux-tu, s'il te plaît, me garder ma chandelle ? Je reviendrai bientôt la chercher.

Naturellement, la vieille accepta.

Un jour passa, deux jours, trois jours... Le corbeau ne revenait pas.

Le troisième soir, la vieille partit à l'étable traire sa vache. Le ciel était couvert de gros nuages, on n'y voyait rien. « Ma foi tant pis, se dit la vieille. Je vais allumer la chandelle du corbeau. »

*Aïe !* La vache donna un coup de sabot, la chandelle se cassa en mille morceaux. Juste à ce moment arriva le corbeau.

— Ah mon fils... ton bout de chandelle... la vache l'a cassé !

— Ça ne fait rien, grand-mère, affirma le corbeau et il se posa sur le bord de la fenêtre. Il chanta :

*Cra ! cra ! cra ! ou la chandelle ou la vache !*
*Cra ! cra ! cra ! ou la chandelle ou la vache !*

Ainsi pendant des heures. La vieille, excédée, finit par lui donner la vache.

Le corbeau tirait la vache à travers la plaine. Il arriva dans une ferme et la confia à la fermière.

— Garde-moi ma vache, s'il te plaît. Bientôt je reviendrai.

— Oui, oui, répondit la femme, qui pensait à autre chose.

Elle allait marier son fils. Dans la ferme, on s'affairait. On attendait beaucoup d'invités, il faudrait leur donner à manger... Et ce corbeau qui ne revenait pas, et cette vache bien grasse qui attendait là...

Ma foi tant pis ! On tua la vache, on la débita, on la fit rôtir, on la servit au repas de noce. Et quand tout fut dévoré, jusqu'au plus petit morceau, le corbeau, qui guettait ce moment-là, perché sur une branche, le corbeau arriva en volant, *frutt, frutt, frutt,* se posa sur le bord de la fenêtre et...

*Cra ! cra ! cra ! ou la vache ou la mariée !*

*Cra ! cra ! cra ! ou la vache ou la mariée !*

Ainsi sans s'arrêter une seule minute pendant plusieurs heures.

À la fin de la journée, la fermière n'en pouvait plus, elle lui donna la mariée.

Le corbeau partit dans la montagne, avec la mariée dans ses beaux habits de noce.

Tandis qu'il volait au-dessus des monts, des bois, des prés, il entendit une petite musique, une jolie petite musique qui lui plaisait : c'était un berger qui jouait de la flûte.

Le corbeau se posa à côté de lui pour l'écouter avec ravissement.

— Berger, berger, dit le corbeau, si tu me donnes ta flûte, je te donnerai la mariée.

Le berger hésita un peu. Il aimait à jouer de la flûte en gardant ses bêtes, mais la mariée était bien jolie dans ses beaux habits... Il accepta le marché.

Et le corbeau s'envola avec la flûte, jouant un air de sa façon, et chantant sa petite chanson.

*Cra ! cra ! cra ! j'ai donné l'épine, j'ai pris la chandelle !*

*J'ai donné la chandelle, j'ai pris la vache !*

*J'ai donné la vache, j'ai pris la mariée !*

*Contre la mariée, j'ai reçu la flûte*

*Et je chante :*

*Cra ! cra ! cra !*

# Le soldat Tarabanov

*Russie*

*Les contes populaires russes, transmis oralement, risquaient de se perdre, lorsqu'à la fin du XIXᵉ siècle Afanassiev les recueillit et les sauva de l'oubli. Lisez cette adaptation de l'un d'entre eux : vous saurez comment le soldat Tarabanov rencontra l'amour et la fortune, alors qu'il sommeillait sur un gros poêle de faïence.*

Il était une fois un soldat qui en avait assez de faire la guerre. Tarabanov – c'était son nom – partit à la retraite et décida de parcourir le monde. Il prit son sac militaire, y fourra son vieil uniforme usé et ses quelques affaires, et en route ! Il marcha une année entière.

À la fin de l'année, il arriva au bout du monde, dans une forêt si profonde qu'on n'y voyait que les arbres et le ciel. Il continua à marcher et parvint dans une clairière : au milieu se dressait un palais digne de celui des contes de fées.

Tarabanov en fit le tour, une fois, deux fois, dix fois, pas de portail, pas de porche, pas de porte, rien qui permette d'y entrer ! Il finit par remarquer une longue perche qui traînait sur le sol. Il n'hésita pas, la posa contre un balcon, y grimpa, ouvrit la porte-fenêtre et pénétra dans le palais.

Ce palais était si vaste que le soldat s'y promena longtemps, sans rencontrer âme qui vive, et si luxueux qu'il n'en croyait pas ses yeux. Finalement il entra dans une salle où le repas était servi. Sur une table ronde étaient disposés douze plats appétissants et douze carafons de vin doux. Tarabanov goûta de chacun d'eux, puis, le sommeil le gagnant, il monta sur le poêle – le gros poêle de faïence qui se trouve dans chaque maison russe, qu'il s'agisse d'une chaumière ou d'un palais.

Il s'installa à son aise, bien au chaud, son sac lui servant d'oreiller. À peine avait-il fermé les yeux qu'il les rouvrit en entendant de grands battements d'ailes. C'étaient douze cygnes qui entraient par les douze fenêtres de la salle. Tarabanov, sans se manifester, les observa avec curiosité.

Dès que les oiseaux posèrent leurs pattes sur le sol, ils se transformèrent en douze jeunes filles ailées, toutes plus belles les unes que les autres. Elles retirèrent leurs ailes et les mirent sur le poêle, sans se douter qu'un soldat s'y trouvait. Ensuite elles s'approchèrent de la table.

— On a mangé dans mon plat, on a bu dans mon carafon, s'écria tout à coup l'une d'elles. Quelqu'un est venu ici !

— Penses-tu, dirent ses sœurs en se moquant d'elle. Eh bien trouve-le donc, ce quelqu'un, puisque tu es si maligne !

Ces paroles donnèrent à Tarabanov une idée. Avec précaution, sans bruit, il prit les ailes de la fille-cygne si maligne et les cacha dans son sac.

Au bout d'un moment, les jeunes filles, ayant bien mangé et bien bu, remirent leurs ailes, reprirent leur forme d'oiseau et s'apprêtaient à partir, quand la fille maligne s'exclama :

— Je ne retrouve plus mes ailes... Je ne peux pas m'en aller avec vous... Ô mes sœurs, que vais-je devenir ?

— Nous ne nous inquiétons pas pour toi, tu sauras bien te débrouiller ! répondirent-elles en chœur et elles s'envolèrent.

La pauvre fille-cygne qui restait se mit à pleurer. Tarabanov descendit de son poêle et s'approcha d'elle.

— Ne pleurez pas, demoiselle. C'est moi qui ai vos ailes.

— Oh, je vous en prie, rendez-les-moi ! Rendez-les-moi, je vous en supplie !

— Je vous les rendrai à une condition : que vous m'aimiez et deveniez ma femme.

— Je veux bien, soldat.

Là-dessus ils s'embrassèrent.

Avant de quitter le palais, la jeune fille conduisit son fiancé, par d'interminables escaliers, jusque dans une cave où un trésor était caché.

— Prends ce que tu pourras, lui dit-elle. Cela servira à monter notre ménage.

Le soldat débarrassa son sac militaire de son vieil uniforme usé et le remplit de pierres précieuses et de pièces d'or – de quoi vivre confortablement pendant cent ans.

Ensuite les deux amoureux s'en allèrent à la ville, se marièrent et vécurent heureux.

L'histoire aurait pu s'arrêter là si un jour la jeune femme n'avait demandé à son mari d'aller lui acheter des fils de soie.

— Voilà cent roubles [1], annonça-t-elle. (Car c'était elle qui tenait la bourse du ménage.) Achète les plus beaux fils de soie que tu trouveras.

Tarabanov partit faire le tour des boutiques. En chemin, il eut soif. « Si je prenais dix kopecks sur la somme que j'ai en main, dix malheureux petits kopecks, ma femme n'y verrait rien. » Il alla dans un cabaret, but de la bière pour dix kopecks, acheva de faire ses courses et retourna à sa demeure, les bras chargés de paquets.

— Tu as bien choisi, s'écria la jeune femme, la soie est solide et les couleurs riches et variées... Tu en as eu pour ton argent – moins les dix kopecks que tu as bus, évidemment.

« Comment a-t-elle fait pour le savoir ? se demanda le soldat. Elle n'était pas avec moi ! Ses sœurs avaient raison, elle est joliment maligne... »

Avec les fils de soie la femme-cygne tissa, en un clin d'œil, trois merveilleux tapis aux dessins compliqués, aux coloris chatoyants, et elle envoya son mari les vendre.

Tarabanov vendit chacun d'eux 3 000 roubles à un riche marchand, qui avait l'intention de les offrir au roi.

1. Roubles : monnaie russe. Le kopeck est la centième partie du rouble.

Le roi trouva le cadeau à son goût. Dès qu'il apprit que les tapis avaient été tissés par l'épouse d'un simple soldat, il voulut absolument la connaître. Un courtisan s'empressa de le conduire dans la maison de Tarabanov.

Ce roi vivait, avec ses favoris, au milieu des richesses. Il laissait son peuple mourir de faim et ses troupes marcher pieds nus. On murmurait parfois sur son passage mais, à la cour, il y avait toujours quelqu'un pour satisfaire son moindre caprice.

Le roi donc, le jour même, rendit visite à la femme du soldat, pour lui commander un autre tapis. Dès le premier coup d'œil, il tomba fou amoureux d'elle. Il résolut aussitôt de l'enlever. Mais comment se débarrasser du mari ?

Il demanda conseil à son général favori.

— Envoyez cet homme loin d'ici, souffla le général au roi. Donnez-lui une tâche impossible à remplir. Demandez-lui d'aller chercher pour vous, à l'autre bout du monde, Saoura le serviteur... Ceux qui y sont allés n'en sont pas revenus.

— Bonne idée ! s'exclama le roi.

Il fit appeler le soldat et lui donna l'ordre de lui ramener Saoura, en le menaçant de toutes sortes de supplices s'il n'obéissait pas.

Tarabanov rentra chez lui bien embarrassé. Il ne savait même pas qui était Saoura ! Son épouse le réconforta. Elle lui tendit une bague :

— Fais-la rouler devant toi, et suis-la.

Tarabanov prit la bague et – roule que roulera – il la suivit. Le soir même, il arriva à l'autre bout du monde, devant une chaumière. Il ouvrit la porte et se cacha derrière le poêle.

Quelques minutes plus tard entra un bonhomme haut comme trois pommes, qui se mit à crier : « Saoura ! oh ! Saoura ! Donne-moi à manger, Saoura ! » Il n'avait pas plus tôt fini de parler qu'un bœuf rôti se présentait sur un plat, ruisselant de graisse, frotté d'ail, avec son couteau à découper, accompagné d'une barrique de bonne bière. Le petit homme engloutit tout – à lui seul il valait trois ogres –, puis il s'en fut en disant : « Je reviendrai dans trois ans. »

Tarabanov laissa passer un moment. Il réfléchissait. Il avait eu beau écarquiller les yeux, en dehors du petit homme, il n'avait vu personne. Qui pouvait bien être Saoura ? Il prit son courage à deux mains, sortit de sa cachette et se lança :

— Saoura, oh, Saoura... Es-tu là ?

— Oui, soldat.

— Où cela ?

— Tu verras... Que veux-tu ?

— Peux-tu me donner à manger ?

Le soldat n'avait pas plus tôt fini de parler qu'un bœuf rôti se présentait, encore plus gros que le premier, avec une barrique de bonne bière. Il but et mangea à sa faim, mais pas plus. Il remercia et demanda :

— Saoura, oh, Saoura !

— Quoi ?

— Veux-tu passer à mon service ?

— Volontiers... J'en ai assez de mon bonhomme, haut comme trois pommes, qui dévore tout ce qu'on lui donne... Cela ne lui suffit jamais...

— Eh bien viens... Où es-tu ?

— Mais là, soldat... dans ta poche.

Ce fut ainsi que Tarabanov amena au roi Saoura le serviteur, un gnome moins gros qu'une pomme, qui exauçait vos souhaits et vivait dans votre poche.

Le roi fit semblant d'être content mais il ne décolérait pas. Il renvoya le soldat et appela son général – celui qui jusqu'alors avait été son favori.

— Le soldat n'est pas mort ! Ton précédent conseil ne valait rien... Tâche de m'en donner un meilleur, sinon...

— Oui... oui... c'est bien vrai, Votre Majesté... Où pourrait-on envoyer ce diable d'homme ?... Chez les diables justement... Ah j'ai trouvé ! Envoyez-le donc dans l'Autre Monde prendre des nouvelles de feu votre père, notre bon roi mort l'année dernière... Bien malin, le Tarabanov, s'il en réchappe !

Un messager alla chercher le soldat, de la part du roi.

— Allez, soldat, dépêche-toi. On ne fait pas attendre un roi. Et habille-toi convenablement... Astique un peu mieux les boutons de ta veste...

Tarabanov suivit le messager, assez inquiet. Inquiet, il le fut bien davantage quand il comprit ce que lui commandait le roi. S'il n'obéissait pas, une épée tranchante ferait voler sa tête. Il rentra chez lui, accablé, et se confia à sa femme.

— Ne t'inquiète pas, mon ami... Couche-toi plutôt. La nuit porte conseil.

Le lendemain matin, elle lui dit :

— Retourne voir le roi. Explique-lui que, dans l'Autre Monde, tu auras besoin d'un témoin de ton entrevue avec feu son père. Si tu y vas seul, qui te croira ? Et demande à prendre pour compagnon le général, car c'est lui qui te veut du mal et dresse le roi contre toi.

Tarabanov suivit ce conseil et le roi consentit à sa demande. Au fond, il n'était pas fâché de se débarrasser aussi du général :

— Entendu, soldat. Rentre chez toi achever tes préparatifs de voyage. Tu auras ton compagnon. Je te l'envoie.

Puis le roi convoqua le général :

— Tu vas accompagner le soldat chez les morts, pour lui servir de témoin. S'il y va seul, qui le croira ?... Et n'oublie pas que c'est à lui que j'ai confié la mission de retrouver mon père : tu lui obéiras !

Le général était furieux. Mais quoi ! on ne résiste pas aux ordres d'un roi.

Grâce à sa femme, Tarabanov avait retrouvé son courage. En chantonnant, il remplissait son vieux sac militaire de biscuits et sa gourde d'eau, lorsque son attention fut attirée par un bruit de roues, de sabots, de grelots, qui s'arrêta devant sa porte. Il sortit et vit le général descendre d'une grande berline de voyage, attelée de quatre magnifiques chevaux.

— Qu'est-ce que c'est que ça, Votre Excellence ? lui demanda Tarabanov.

— Mais c'est une berline de voyage, qui nous emmènera dans l'Autre Monde. J'y ai déjà déposé mes bagages.

— En berline ! Dans l'Autre Monde ! Je regrette, Votre Excellence... On ne peut s'y rendre qu'à pied, avec un sac léger.

Le général fut bien obligé d'obéir et de laisser là berline et bagages.

Tarabanov, le sac sur l'épaule, la gourde au côté, embrassa tendrement sa femme, prit la bague qu'elle lui tendait, la lança. Et roule que roulera, la bague roulait et le soldat la suivait. Le général se traînait par-derrière. Lui qui ne se déplaçait jamais qu'en voiture, même sur un champ de bataille, avait mal aux pieds.

La route était longue. Le soleil tapait. De temps en temps, Tarabanov s'arrêtait, s'asseyait sur un talus et sortait de son sac un biscuit qu'il trempait dans l'eau. Le général le regardait, avec des yeux affamés. Tant que Tarabanov ne lui donnait rien, il se passait de nourriture.

Cependant la bague roulait devant eux et – roule que roulera – traversait champs, prés, forêts. Enfin elle s'arrêta au bord d'un ravin.

— Nous y voilà, dit le soldat. Il ne nous reste qu'à descendre.

Le ravin était profond, profond... Ils mirent un temps infini pour en atteindre le fond, car si Tarabanov était adroit, posant son pied au bon endroit, le général s'y prenait mal.

En arrivant au Pays des Morts, la première personne qu'ils rencontrèrent était un vieillard. Comme une bête de somme, il tirait une charrette énorme remplie de bois. Deux diables conduisaient l'attelage, en rouant de coups la pauvre âme.

— Votre Excellence, chuchota Tarabanov à l'oreille de son compagnon, on dirait feu le père de notre roi... Vous qui l'avez bien connu, qu'en pensez-vous ?

— C'est bien lui, soldat.

— Holà, cria Tarabanov aux diables avec beaucoup d'autorité, arrêtez-vous ! J'ai à parler à ce mort. Délivrez-le.

— Comment... comment..., protestèrent les démons. T'imagines-tu, soldat, que nous allons travailler à sa place ?

— Non, bien sûr... Pour tirer la charrette, prenez donc mon compagnon... Il vient juste d'arriver, il est frais et dispos, il fera l'affaire !

Les diables dételèrent le vieux roi, mirent le général à sa place, malgré ses protestations. Comme ils le trouvaient trop lent, ils se mirent à le fouetter vigoureusement.

Pendant ce temps, Tarabanov expliquait au vieux roi qu'il venait du royaume de la terre pour prendre de ses nouvelles.

— Hélas..., soupira le vieillard. Salue mon fils de ma part et dis-lui de faire célébrer des messes pour mon âme. Peut-être qu'un jour enfin le Seigneur me pardonnera. Surtout dis-lui de ne pas vivre comme moi. Avant de penser à lui-même, qu'il se préoccupe de son peuple, qu'il donne du pain à ses sujets et à ses soldats des souliers. Sinon, qu'il prenne garde à lui. Car, s'il continue ainsi, Dieu le punira !

Et des larmes coulaient des yeux du vieux roi.

— Je lui répéterai vos paroles, Votre Majesté. Vous pouvez compter sur moi, promit Tarabanov. Mais pour que votre fils soit sûr de ma bonne foi, ne pouvez-vous me donner un objet qui vous appartienne ? Ce serait un gage de notre entrevue.

— Tiens, fit le vieux roi en fouillant dans sa poche. Prends cette clé. Quand mon fils la verra, il te croira.

Tarabanov fit ses adieux au vieillard, reprit aux diables le général, courbatu, fourbu, moulu, et s'en revint avec lui sur la terre. Ils se rendirent aussitôt au palais et racontèrent leur aventure. Le soldat rapporta fidèlement au roi les paroles de son père.

— Est-ce bien vrai ce que vous me dites là ? Vous n'inventez pas ? demanda le roi aux deux hommes.

— Votre Majesté, voulez-vous voir mon dos ? protesta le général. Il porte encore les traces du méchant bâton des diables !

— Votre Majesté, voulez-vous voir la clé que votre père m'a confiée ?

— La clé ? Quelle clé ?... Mais c'est la clé du cabinet secret ! Celle que le vieux roi a emportée dans la tombe, puisqu'on a oublié de la lui prendre avant de l'enterrer... Ah, cette fois, soldat, je te crois...

Le roi était si content d'avoir retrouvé la clé, qu'il en oublia tout à fait la belle épouse de Tarabanov. Il nomma celui-ci général. Quant à l'ancien favori, il redevint simple soldat.

Le roi suivit-il ensuite les recommandations de son père ? Donna-t-il du pain à son peuple et des chaussures à ses soldats ?... Ma foi, nous ne le savons pas, l'histoire s'arrêtant là.

# Le roi Macip

*Espagne*

*Au début du XX^e siècle, une servante de Barcelone, qui ne savait ni lire ni écrire, racontait en la mimant cette histoire, tandis qu'à la même époque Italo Calvino, à Venise, en recueillait une autre presque identique... Mais le conte que vous lirez se passe bien en Catalogne – province au nord-est de l'Espagne – ainsi qu'en témoigne l'épisode des chevrettes. Des chevrettes ? Que viennent-elles faire en cette histoire ? Eh bien, lisez...*

Il était une fois une jolie princesse, une vieille sorcière et un jeune roi, beau et charmant, le roi Macip. Dans la vie, ces trois-là n'auraient rien eu à voir ensemble mais, dans mon conte, il en est tout autrement.

Pour commencer, la sorcière aperçut le roi Macip et, toute vieille et affreuse qu'elle était – quatre poils sur le caillou, les yeux loucheux, le nez touchant le menton –, elle tomba amoureuse de lui. Aussitôt elle l'enleva, l'enferma dans un château et lui jeta un sort : il dormirait jusqu'au matin de la Saint-Jean. Si ce jour-là, en s'éveillant, il ne trouvait personne à ses côtés pour lui tenir compagnie, il se rendormirait pour un an. Il en serait ainsi sept années de suite. La septième année, il épouserait la première personne qu'il verrait en ouvrant les yeux. Évidemment la sorcière comptait bien être cette personne-là et se marier avec le roi.

La sorcière avait aussi endormi tous les gardes et les serviteurs du roi. Mais elle avait négligé d'ensorceler les animaux de la ferme attenant au château. Si bien que les poussins piaillaient, en entourant la mère poule :

*Mère ô notre mère poulette,*
*Raconte-nous une historiette.*
*Cui cui cui cui, Cui cui cui cui.*

Et ils continuaient à piailler jusqu'à ce que la poule cède et leur conte une histoire, toujours la même, la seule qu'elle connaissait, l'histoire du roi Macip. Alors la poule chantait en gloussant :

*Le roi Macip est endormi,*
*Il gît dans le fond de son lit.*
*Y restera pendant un an*
*Jusqu'au matin de la Saint-Jean.*
*Le jour où il s'éveillera,*
*Sa compagne il épousera.*
*Cot cot cot cot, Cot cot cot cot.*

Les poussins adoraient cette histoire et, devenus grands, à leur tour, ils la racontaient à leurs enfants, de sorte qu'elle se transmit de génération en génération et d'une ferme à l'autre.

Un matin, un jeune coq la claironnait de tout son cœur, en l'agrémentant de détails de sa façon, ce qui donnait à peu près ceci :

*Sur un lit d'ébène massif*
*Est endormi le roi Macip.*
*Cocorico !*
*Jeune, charmant, beau et puissant,*
*Dans son château pendant un an.*
*Cocorico !*
*S'éveillera à la Saint-Jean,*
*Au chant du coq, au bruit du vent.*
*Cocorico !*
*Et qui lui tiendra compagnie*
*Sera sa femme pour la vie.*
*Cocorico ! Cocorico !*

La jolie princesse de mon conte s'était justement arrêtée, au cours d'un voyage, dans la ferme où vivait ce coq. Elle y passa la nuit et très tôt fut réveillée par le chant de l'oiseau, qui n'en finissait pas de célébrer le roi Macip et le soleil levant.

— Qui est donc ce roi Macip dont le coq me rebat les oreilles ? se demanda la princesse. Jeune, charmant, dormant... Où peut bien se trouver son château ?

Elle alla voir le coq pour qu'il lui donne des renseignements.

— Ha, ha, fit le coq d'un air important. Le château du roi Macip... Bien sûr... Évidemment... Je l'ai su mais...

En fait, le coq ne savait pas grand-chose et surtout pas où se trouvait le château. Aussi la princesse prit-elle le parti de quitter la ferme au plus vite et de s'en aller par le vaste monde, à la recherche du bel endormi. Bien décidée à se trouver à ses côtés le jour où il s'éveillerait, certaine que ce jour-là leur destin s'accomplirait.

Elle chemina longtemps, par forêts, plaines et montagnes, et finit par arriver devant un château sombre et désert. Elle frappa à la porte. Une petite vieille lui ouvrit. La princesse lui demanda l'hospitalité pour la nuit.

— Ma pauvre enfant ! se désola la vieille. Sais-tu bien où tu te trouves ?... Dans la demeure de ma fille, la Mer, et jamais créature mortelle n'en a franchi le seuil. La Mer va bientôt venir, toujours furieuse et démontée. Elle t'avalera et t'emportera avec elle au fond de l'eau.

— Je n'ai pas peur, dit la princesse. Laissez-moi entrer. Mais d'abord écoutez mon histoire.

Et elle lui parla du roi Macip endormi en son château et expliqua qu'elle le cherchait par le vaste monde.

— Bon, dit la vieille tout attendrie, je vais te cacher et je demanderai à ma fille, elle qui transporte tant de bateaux et qui longe tant de rivages, si elle n'a pas entendu parler de ce roi.

À peine la princesse était-elle cachée qu'on entendit à la porte un bruit de vagues et de tempête et la Mer pénétra dans la pièce en même temps que des trombes d'eau.

— Oh, oh, cria-t-elle, ça sent la chair d'humain ici. Vous avez sûrement caché une créature mortelle. J'ai faim. Donnez-la-moi que je la mange.

— Une minute, dit la vieille, d'abord écoute cette histoire...

Et elle raconta à sa fille comment la pauvre petite princesse parcourait en vain le monde à la recherche du roi Macip.

— Toi qui t'en vas si loin, n'as-tu jamais entendu parler de lui ?

La Mer se radoucit et réfléchit.

— Non... non. J'ai beau chercher, je ne vois pas...

Elle laissa la princesse en paix. Bien plus, le lendemain, elle lui souhaita bon voyage.

La princesse reprit son chemin, par forêts, plaines et montagnes, et chemina longtemps, longtemps, sans trouver trace du roi Macip. Finalement elle arriva, un soir, devant un autre château, sombre et désert, frappa à la porte, qu'une petite vieille vint lui ouvrir, et demanda l'hospitalité pour la nuit.

— Ma pauvre enfant ! s'exclama la vieille. Tu ne sais pas à qui tu as affaire ! C'est ici le château de mon fils, le Soleil. Quand il rentrera tout à l'heure, plein d'ardeur et de colère, un seul de ses rayons lui suffira pour te rôtir.

— Je n'ai pas peur, dit la princesse. Cachez-moi dans un coin, mais d'abord écoutez mon histoire.

Elle lui parla du roi Macip et de ses vaines recherches à travers le monde, si bien que la petite vieille, tout émue, la cacha, en lui promettant d'apaiser son fils et même de le questionner.

— Lui qui pénètre partout, se glisse par la moindre ouverture, sous les portes et par les fentes des volets, sans avoir à demander la permission à personne, il devrait savoir où se trouve le château de ce roi.

La vieille n'avait pas plus tôt fini de parler qu'il se mit à faire dans la pièce une chaleur épouvantable, une lumière éclatante inonda le sol et les murs et le Soleil entra.

— Oh, oh, cria-t-il à sa mère, ça sent la chair d'humain ici. Vous avez sûrement caché une créature mortelle. Allez me la chercher que je puisse la rôtir et la manger.

La vieille réussit à le calmer en lui racontant la belle et triste histoire de la petite princesse à la recherche du roi Macip. Le Soleil se laissa attendrir, mais il ne put dire où se trouvait le fameux château. Il n'en avait même jamais entendu parler.

Le lendemain matin, la princesse reprit sa route et chemina, chemina, chemina, par forêts, plaines et montagnes. Quand le soir tomba, elle était devant la porte d'un troisième château, encore plus grand que les précédents, plus sombre et plus désert.

Elle frappa, un petite vieille lui ouvrit, qui prit l'air contrarié quand la princesse lui demanda l'hospitalité.

— Tu ferais mieux de t'en aller, conseilla la vieille. Pauvre malheureuse, tu ne sais donc pas où tu te trouves ? Dans un lieu où n'a jamais pénétré créature mortelle, dans la demeure des Étoiles. Ce sont mes filles. Quand elles vont rentrer, toutes affamées, elles vont te manger.

Mais, cette fois aussi, la vieille fut attendrie en écoutant la princesse conter son histoire, elle lui promit de l'aider et la cacha.

Aussitôt arrivèrent les Étoiles, par dizaines, par centaines, par milliers, dégringolant du ciel, se faufilant entre les tuiles du toit, zigzaguant dans la salle, criaillant toutes en même temps, avec un bruit d'étincelles :

— Oh, oh... ça sent la chair d'humain ici... J'ai faim... Je veux manger de la bonne créature mortelle... Moi, je prendrai la cuisse... moi, le cou... moi, le bras...

La pauvre princesse n'en menait pas large, recroquevillée dans sa cachette. « Jusqu'à présent, se disait-elle, ça n'a pas été trop difficile de convaincre la Mer, puis le Soleil de me laisser tranquille. Il n'y en avait qu'un à convaincre à la fois. Mais comment faire avec des milliers d'étoiles ?... Elles vont me manger toute crue ! »

Cependant la vieille s'affairait autour de la table et s'efforçait de faire patienter ses filles.

— Tout à l'heure... Tout à l'heure, je vous donnerai pour dessert de la chair de créature mortelle... Mais seulement quand vous serez toutes là. Il en manque encore beaucoup. Il manque surtout les Sept Chevrettes.

En Espagne, ou plus précisément en Catalogne, où se déroule cette histoire, ce sont les sept étoiles de la Grande Ourse qu'on appelle les Sept Chevrettes.

Au fur et à mesure que les Étoiles tombaient du ciel, leur mère leur demandait si elles n'avaient pas aperçu dans leur course, du levant au couchant, du couchant au levant, le château du roi Macip.

— Le roi Macip ?... connais pas... répondaient tour à tour les Étoiles. Mais j'ai faim... Qu'attendons-nous pour passer à table ?

— Les Sept Chevrettes ne sont pas rentrées !

Les Chevrettes tardaient tellement que leurs sœurs commencèrent à dîner. Elles avaient presque fini quand arrivèrent les Chevrettes.

— Enfin, vous voilà ! On vous attendait avec impatience pour manger le dessert, la meilleure des friandises, la chair d'une créature mortelle ! Pourquoi avez-vous tant tardé ?

— J'ai perdu ma quenouille, répondit la première des Chevrettes.

— Moi, j'ai perdu mon fuseau.

— Moi, ma fusée [1].

— Moi, mon dévidoir.

— Moi, ma pelote de fil.

— Moi, mon écheveau.

1. Fusée est ici synonyme de fuseau. Autrefois, pour filer, les femmes avaient une quenouille, bâton garni de laine ou de chanvre, dont elles tiraient un fil qu'elles enroulaient autour d'un fuseau, sorte de bobine allongée et pointue. Ensuite elles prenaient le fil du fuseau pour en entourer plusieurs fois le dévidoir, afin de former un écheveau, composé de nombreux fils repliés.

— Et moi, fit la plus petite, qui était aussi la plus dégourdie, moi, je n'ai rien perdu. Au contraire, j'ai aidé mes sœurs à retrouver quenouille, fuseau, fusée, dévidoir, pelote de fil et écheveau.

— Et dans vos allées et venues, à la recherche des objets perdus, avez-vous vu le château du roi Macip ? leur demanda leur mère.

— Moi, je n'ai rien vu, dit la première.

— Ni moi... Ni moi... Ni moi non plus, répondirent les autres.

Mais la plus petite :

— Moi, si ! Je sais où est ce château. J'ai vu le roi endormi et je l'ai même trouvé beau.

La vieille alors raconta à ses filles l'histoire de la princesse qui cherchait depuis si longtemps, au mépris de tous les dangers, à travers le vaste monde, le château du roi Macip. Les Étoiles furent touchées et prirent la pauvre fille en pitié. La septième des Chevrettes se déclara prête à l'aider.

— Regarde le ciel, demain, à minuit, dit-elle à la jeune fille. Je me laisserai tomber juste au-dessus du château.

L'Étoile tint sa promesse et permit à la princesse de trouver facilement le château. C'était le plus grand de tous ceux que la jeune fille connaissait, si grand qu'en sept jours et sept nuits elle n'aurait pu en faire le tour. À l'intérieur se tenaient tous les gardes et tous les serviteurs, endormis par la sorcière.

La princesse aurait aimé leur poser des questions : c'était peine perdue. À force de tourner en rond dans les couloirs, dans les escaliers, dans les salles, toutes plus luxueuses les unes que les autres, elle finit par déboucher, au cœur du château, dans une chambre magnifique. Là, sur un lit d'ébène, la tête posée sur un oreiller de dentelle, était étendu un beau jeune homme, qui dormait profondément.

— Le roi Macip, chuchota la princesse et elle s'approcha d'une chaise basse, en bois sculpté et doré, qui semblait l'inviter à s'asseoir.

La princesse s'assit au chevet du lit et commença à attendre. Elle devait rester ainsi jusqu'au prochain matin de la Saint-Jean. Comme c'était la dernière des sept années d'enchantement, quand le roi s'éveillerait ce matin-là, il épouserait celle qu'il trouverait à son chevet pour lui tenir compagnie. Et la princesse le savait.

Malheureusement, quand elle arriva dans le château, la Saint-Jean de la sixième année était passée depuis trois jours et la pauvre fille devait donc attendre pendant presque un an encore.

Elle attendit pendant des heures, des jours, des semaines et des mois, sans quitter sa chaise basse, les yeux fixés sur le roi endormi. Elle ne se levait de temps en temps que pour aller manger à une table voisine. La nourriture était délicieuse et les assiettes et les verres se remplissaient dès qu'elle les vidait.

Mais le temps passait lentement et la princesse s'ennuyait.

Un jour qu'elle songeait, assise comme d'habitude sur sa chaise, au chevet du roi, elle entendit une voix d'homme crier, dans la rue, devant le château :

— Garçons, garçonnets à vendre !... Qui veut m'acheter un garçonnet ?

— Moi, appela la princesse en se précipitant à la fenêtre.

Elle acheta le plus âgé et le plus intelligent des petits garçons dont disposait le marchand.

L'enfant connaissait toutes sortes de jeux, qu'il apprit à la princesse, et celle-ci, sans pour autant quitter sa chaise, cessa de s'ennuyer.

Cependant, au bout de quelques semaines, le jeune garçon se mit à pleurer et dit que sa mère lui manquait.

— Eh bien, nous irons la chercher et elle viendra vivre avec nous, déclara la princesse, qui ne supportait pas l'idée de perdre son compagnon de jeux.

Ainsi fut fait. La mère vint, tout emmitouflée dans un châle, qui lui cachait le visage. On ne voyait dépasser que le bout de son grand nez.

La princesse était bien contente et, toujours assise sur sa chaise basse, elle se remit à jouer. La malheureuse !... Elle ne se doutait pas que la soi-disant mère du garçonnet n'était autre que la sorcière.

Cette affreuse vieille sorcière, amoureuse du roi Macip, qui avait ensorcelé le jeune homme et tous les habitants du château, à présent manigançait pour tenir éloignée la princesse, au moment où le roi s'éveillerait. Ce n'était pas facile, car la jeune fille restait assise, fidèle à son poste, jour et nuit, et la sorcière se creusait la tête.

La veille du jour de la Saint-Jean retentit dans le jardin une musique enchanteresse – si belle, si douce que nul ne pouvait lui résister.

— Venez donc écouter, ma belle, dit la vieille à la princesse.

Celle-ci, pour mieux entendre, se leva de sa chaise basse, fit trois pas, se pencha à la fenêtre... et y demeura, ravie, perdue dans sa songerie.

Elle était si bien perdue qu'elle ne sentait plus le temps passer, la nuit s'écouler, l'aube s'approcher, l'aube du jour de la Saint-Jean.

Pendant qu'elle demeurait à la fenêtre, la sorcière s'assit sur la chaise basse, guettant le visage du roi Macip.

Dès qu'elle vit frémir les paupières du jeune homme, elle se dressa au-dessus de lui.

— Ah, c'est vous, dit le roi, dont les yeux papillotaient. (Après un si long sommeil, il distinguait mal les traits de la figure près de lui.) C'est vous qui m'avez tenu compagnie ?

— C'est moi, répondit la sorcière. C'est moi que tu as promis d'épouser. Souviens-toi.

— Si je l'ai dit, je le ferai.

Mais à peine avait-il prononcé ces mots que le roi s'en repentit. Il revenait à la vie, ses yeux s'ouvraient, sa vision devenait nette. Aussi fut-il horrifié en découvrant la sorcière, la future mariée. Qu'elle était laide ! Comme elle paraissait méchante ! Quelle malchance pour lui ! Ma foi, il aimait mieux se rendormir pour sept années plutôt que de l'épouser.

La sorcière, qui ne se doutait pas de ce que le roi ressentait, se réjouissait au contraire. Elle le laissa joyeusement, pour aller faire ses préparatifs de mariage.

Même s'il en avait eu envie, le roi Macip ne pouvait pas se rendormir : il n'avait plus sommeil. Il se leva et décida de visiter son château, qu'en sept ans il avait un peu oublié. À son approche, gardes, serviteurs et servantes sortaient de leur enchantement, s'animaient et reprenaient leur travail au point où ils l'avaient laissé.

Tandis que le roi se promenait dans son château, la musique dans le jardin avait cessé. La princesse avait quitté la fenêtre. Le temps avait repris son cours et la jeune fille, honteuse de sa distraction, revenait à son poste, sur sa chaise basse. Ô stupeur ! Il n'y avait plus personne dans le lit, ni dans la chambre.

Elle s'affola. Elle chercha partout dans le château. Elle parcourut des couloirs et des escaliers. Le roi n'était nulle part. Elle interrogea les gardes, les serviteurs qu'elle rencontrait. Ils étaient pressés, ils ne l'écoutaient pas.

Elle se réfugia dans une salle déserte et se mit à pleurer. Elle pleurait, sans pouvoir s'arrêter. Ce fut là que le roi Macip la trouva.

Elle était charmante ainsi, le visage blanc et lisse couvert de larmes, telle une fleur sous la pluie. Le jeune homme tomba aussitôt amoureux d'elle. Comme il aurait préféré la voir, elle, à son réveil, plutôt que l'autre, l'horrible sorcière !

— Pourquoi pleures-tu, ma belle ? lui demanda-t-il tendrement.

Elle lui conta son histoire.

— C'est donc toi que j'épouserai, dit le roi Macip à la jolie princesse. Et nous pendrons la sorcière, le jour de nos noces !

*Ils ont fait un beau mariage.*
*Ils sont partis en voyage,*
*Ils ont rencontré un coq,*
*Et puis un chien et un chat.*

*Et mon conte finit là.*

# LA FILLE MALCHANCEUSE

*Grèce*

*Dans la mythologie grecque, les Moires – qu'on appelle aussi les Parques – sont trois fileuses, présidant à la destinée de tous les humains. La première fabrique le fil de la vie, la deuxième l'étire, la troisième le coupe, provoquant la mort.*

*Les Grecs d'aujourd'hui pensent que chaque homme a sa propre Moire. Si celle-ci se montre malveillante envers lui, il la poursuit, la bouscule ou lui offre des cadeaux, pour la forcer à devenir aimable. Ainsi peut-il changer le cours de son destin.*

Il était une fois un riche paysan qui possédait de nombreux troupeaux, vaches, chèvres et moutons. Il avait huit enfants, sept garçons et une fille cadette, Despini : c'était sa préférée.

Depuis quelque temps, le paysan était soucieux. Tous les matins, il trouvait dans ses étables ou dans ses prés des bêtes mortes. Il ne comprenait pas pourquoi, car ses bêtes étaient bien soignées. Si cela continuait, il ne lui resterait plus qu'à mendier son pain avec ses enfants.

Assis sur le pas de sa porte, il roulait de tristes pensées, lorsque passa devant lui un vieillard qui lui dit :

— Je sais ce qui te préoccupe. Quelqu'un, chez toi, te porte malheur. Ce soir, quand tes enfants seront couchés, va dans leur chambre, soulève leur édredon et regarde la position qu'ils prennent dans leur sommeil. Celui qui aura mis ses mains entre ses cuisses, celui-là, tu devras le chasser. Sinon tes bêtes périront toutes et toi, tu mourras de faim.

Le soir même, le père regarda dormir ses enfants. L'un avait étendu les bras, un autre les laissait pendre, un autre les avait repliés sous sa tête, un autre gardait ses poings serrés... Bref, aucun d'eux n'avait mis ses mains entre ses cuisses... sauf la cadette, sa fille chérie, Despini.

À cette vue, le cœur du pauvre père bondit dans sa poitrine... Quoi !... Se débarrasser de sa cadette, sa petite, sa préférée ?... Pourtant il le fallait. S'il ne se décidait pas, ce serait la misère, pour lui et ses autres enfants.

Le lendemain, la mort dans l'âme, il appela son plus fidèle serviteur, Yannis. Il lui donna l'ordre d'aller couper du bois dans la montagne, loin, très loin, d'y emmener la fillette et de l'y abandonner.

Dans la montagne, à l'ombre légère des pins, le serviteur marchait d'un bon pas, sa hache sur l'épaule. Despini le suivait en chantonnant, enchantée de la promenade. Vers midi, Yannis jugea qu'il était allé assez loin et s'arrêta sous un arbre. Il accrocha à la branche la plus basse une gourde pleine d'eau et un sac rempli de morceaux de pain.

— Voilà pour toi, dit-il à la fillette. Bois et mange si tu veux et repose-toi. Je m'en vais couper du bois, attends-moi là.

Il s'en alla et la petite commença à l'attendre. Au début, le temps passa vite. Despini jouait avec des cailloux, avec des brindilles, avec des insectes, mais bientôt la chaleur se fit moins vive, la lumière baissa et le vent se leva. La fillette prit peur. Elle appela en pleurant : « Yannis ! Yannis, notre serviteur, es-tu là ?... Réponds-moi, est-ce toi qui coupes du bois près d'ici ? » Elle entendait des coups sourds : ce n'était que la gourde, agitée par la brise du soir, cognant contre le tronc du pin.

Elle pleura et appela longtemps, errant dans la forêt toute la nuit. Au matin, elle découvrit un village dans un repli de la montagne.

Elle s'arrêta dans la première maison. Les gens, la voyant bien vêtue, pensèrent que c'était une enfant de bonne famille qui s'était perdue. Ils la gardèrent pendant la journée et la nuit suivante. Le lendemain, au réveil, ils trouvèrent toutes leurs bêtes mortes – mortes sans raison apparente.

— C'est toi qui nous as porté malheur, dirent-ils à Despini. Ce qui est arrivé, c'est sûrement à cause de toi. Va-t'en !

La pauvre petite alla un peu plus loin demander l'hospitalité dans une autre ferme – oh, pas pour longtemps. Elle se rendait bien compte qu'un mauvais sort l'accompagnait et qu'elle ne pouvait pas rester. Mais les fermiers avaient bon cœur, ils insistèrent pour qu'elle passe la nuit chez eux. Elle dormit dans la ferme et toutes les bêtes moururent.

Elle partit, elle alla plus loin et, comme plus personne ne voulait d'elle, elle se mit à pleurer. C'était le troisième jour après son départ de la maison paternelle.

Une veuve, qui habitait la dernière maison du village, eut pitié d'elle.

— Viens, petite, lui dit-elle. Puisque tout le monde te chasse, je te prendrai chez moi.

— Vous n'avez pas peur que vos bêtes meurent ?

— Je n'en ai pas beaucoup.

— Mais je porte malheur !

— On verra bien. Entre.

Les bêtes de la veuve moururent en effet, cependant elle garda l'enfant. Elle avait décidé d'aider la fillette à combattre sa mauvaise fortune. Elle la traitait comme sa fille et Despini l'appelait affectueusement « ma tante ».

Un jour, la veuve fit cuire des galettes et des gâteaux. Elle avait fait simplement les galettes avec de la farine, du sel et de l'eau. Mais dans la pâte des gâteaux, croustillante et légère, elle avait mis du beurre et des œufs et l'avait pétrie longuement.

Elle remplit un panier de ces bonnes choses et le tendit à Despini.

— Tiens, ma fille, va porter ce panier aux Moires. Sors du village et suis le chemin jusqu'au vallon plein d'ombre où s'élève leur château. Les Moires sont de grandes femmes sombres, filles de la Nuit. Elles tiennent dans leurs mains le fil de la vie des hommes. Chacun de nous a sa Moire personnelle, qui veille sur sa destinée – bonne ou mauvaise. La mienne est simple et gentille : tu lui donneras une galette. Les gâteaux seront pour les autres Moires. Observe-les bien, car il faudra que tu découvres laquelle est la tienne et que tu l'obliges à s'occuper de toi, pour que cesse ta malchance.

— Merci, ma tante, répondit la fillette.

Elle prit le panier, se rendit au château des Moires et s'assit devant leur porte. Elle criait : « Ô sort des sorts, et le sort qui m'appartient... Ô mon destin ! » Elle cria ainsi pendant des heures jusqu'à en être enrouée. Vers le soir, une des Moires ouvrit la porte, la bouscula en lui arrachant son panier et le lui rendit, quelques minutes plus tard, rempli de crottes.

— Regarde-moi ça, ma tante, c'est ce que m'ont donné les Moires ! dit la petite en montrant son panier à la veuve. Et elles ne m'ont même pas laissée entrer !

— Ne te décourage pas, ma fille. Je vais faire d'autres gâteaux et tu les leur porteras demain.

Le lendemain, les Moires agirent de la même façon et la veuve répondit à l'enfant de la même façon.

Le troisième jour, la Moire qui ouvrit la porte avait un visage agréable, un bon sourire. Elle s'écria :

— Ah, tu m'as apporté une galette de la part de ta tante... Entre, petite.

La fillette pénétra dans une grande pièce mal éclairée, où s'activaient des centaines de femmes, occupées à filer. Une seule ne travaillait pas. Elle s'amusait à lancer en l'air et à rattraper une pelote dorée. Quand elle vit arriver Despini, elle s'approcha d'elle paresseusement et lui dit :

— C'est donc toi, petite fille, qui m'apportes de si bons gâteaux... Puisque tu es si généreuse, je vais te faire un cadeau.

La Moire se pencha, embrassa la fillette et déposa la pelote de soie dorée dans le panier. Puis elle poussa l'enfant vers la porte.

— Ta malchance va tourner, affirma la veuve à Despini. Cache cette pelote et attends.

Plusieurs années s'écoulèrent. Despini devint une belle jeune fille.

Elle et sa tante furent un jour invitées à un mariage. Elles revêtirent leurs meilleurs habits : Despini était resplendissante. Le fiancé était un beau garçon à l'air aimable. La fiancée n'était ni jolie ni gentille. Elle était riche.

Quand tous les invités furent arrivés, on s'aperçut que les fiancés n'étaient pas prêts, leurs couronnes n'étant pas attachées. En ce temps-là, la coutume voulait qu'on n'attache les couronnes qu'avec du fil de soie. Impossible d'en trouver : personne n'en possédait.

— Ah, mais si, fit tout à coup la veuve. Despini en a justement une pelote... Que lui donnerez-vous en échange si elle vous l'apporte ?

— Qu'on mette la soie sur la balance et qu'on donne à la jeune fille le poids équivalent en or, déclara le fiancé.

Despini apporta la pelote que lui avait donnée sa Moire. Elle la posa sur un des deux plateaux de la balance, dans l'autre on mit une belle somme en or. Mais la soie pesait plus lourd. On ajouta des pièces aux pièces. La soie pesait toujours plus lourd. Alors on alla chercher une balance énorme. Rien n'y faisait, le plateau dans lequel se trouvait la pelote de soie était toujours plus lourd que l'autre.

Finalement le fiancé se décida, avant que toute sa fortune y passe. Il monta dans le plateau où l'on avait entassé l'or. Et cette fois les deux plateaux s'équilibrèrent parfaitement. Le signe du destin était clair : il fallait que le fiancé ajoute sa personne à l'or, il fallait donc qu'il épouse Despini. Ce qu'il décida aussitôt de faire, sans regret.

Le festin de leurs noces allait bon train dans la maison du fiancé. Par la fenêtre ouverte sortaient par bouffées des cris joyeux, des rires, des chants, de la musique.

Un vieux qui passait par là, sur le chemin, s'arrêta, pour regarder à l'intérieur de la maison. Il regarda les invités, le marié, la mariée... La mariée !... mais c'était sa fille, sa fille perdue, sa fille chérie...

— Despini ! cria-t-il.

— Mon père ! répondit Despini.

Père et fille s'étant retrouvés, le festin put continuer, la musique reprendre, la gaieté redoubler.

Et la chance leur sourit, jusqu'à la fin de leur vie.

# DRAGAN-LE-BRAVE

*Moldavie*

*En Moldavie, on croit que les contes ont le pouvoir d'éloigner les mauvais esprits. C'est pourquoi, à la veillée, on choisit des contes longs, qui font trois fois le tour de la maison et la protègent des démons. C'est pourquoi ce conte-ci est long aussi, car le héros, frère de Jean-de-l'Ours par sa force et par sa vaillance, avant de triompher du mal, doit parcourir tout l'univers, y faisant des rencontres étranges.*

Il était une fois dans un pays lointain – plus lointain que je ne saurais dire – un empereur qui avait trois filles et, dans ce même pays, une vieille qui avait trois fils.

Les fils de la vieille étaient encore des enfants, mais des enfants pas ordinaires : en un jour ils grandissaient bien plus que les autres en un an.

L'aîné sortit de la maison, vit un crapaud, le poursuivit avec son arc, fit ainsi le tour du monde, puis monta dans le ciel, toujours à la poursuite de la bête.

Le deuxième fils sortit de la maison, vit un canard, le pourchassa à travers champs, à travers bois, à travers nuages et nuées. Quant au troisième, qui se nommait Dragan, il donna la chasse à un écureuil. L'animal sautait d'une branche à l'autre, puis d'un arbre à la lune, de la lune au soleil et Dragan le suivait.

Chacun des frères chassait seul, pour son plaisir, sans se soucier de ce que les autres faisaient. Et leur chasse dura longtemps.

Ils chassaient encore lorsque, d'un nuage immense, suspendu au-dessus de la terre, sortirent trois dragons venus de l'Autre Monde. Les dragons enlevèrent les filles de l'empereur et volèrent les bijoux du ciel, étoiles, lune et soleil, et l'empire fut plongé dans l'ombre.

L'empereur fit proclamer qu'il promettait la moitié de son empire au brave assez hardi pour aller chercher astres et princesses, dans l'Autre Monde, chez les dragons.

Dès qu'elle entendit la proclamation impériale, la vieille se rendit au palais.

— Votre Majesté, dit-elle à l'empereur, si vous me donnez trois petits tonneaux de vin vieux et une grande pièce de cotonnade rouge, je vous retrouverai vos astres et vos princesses.

— C'est bien, la vieille, tu auras ce que tu demandes, mais attention : si tu ne tiens pas ta parole, je te couperai la tête.

Quand elle rentra chez elle, la vieille recouvrit le toit de sa maison de la pièce de cotonnade. Le tissu était rouge vif, de loin on se figurait la maison en flammes.

Le fils aîné, du haut du ciel, vit ce qu'il prenait pour un incendie, abandonna son crapaud, descendit comme un éclair dans la maison de sa mère. Quand il comprit que la vieille l'avait trompé, il se mit en colère.

— Mère, pourquoi m'as-tu forcé à abandonner ma chasse ?

— C'est que je m'ennuyais trop de toi, mon fils. Tiens, bois donc un peu de ce vin vieux. Après cela, tu te sentiras mieux.

Le fils aîné vida un tonneau, se coucha derrière le poêle et s'endormit.

À son tour le deuxième fils, en chassant, crut apercevoir la maison en feu. Aussitôt il descendit sur terre et, quand il sut que sa mère l'avait trompé, devint furieux.

— Mère, pourquoi m'as-tu forcé à perdre mon gibier ?

— C'est que je m'ennuyais trop de toi, mon fils. Tiens, bois un peu de ce vin vieux. Après, tu te sentiras mieux.

Le deuxième fils vida un tonneau, se coucha derrière le poêle, sans savoir que son frère était là, et s'endormit.

Enfin arriva Dragan, le cadet.

— Mère, pourquoi m'as-tu forcé à interrompre ma chasse ?

— Mon cher fils, pardonne-moi. Mais je m'ennuyais tellement de toi... Tiens, bois un peu de ce vin vieux, cela te réconfortera.

Dragan vida le dernier tonneau et se coucha derrière le poêle, à côté de ses frères, sans se douter de leur présence. Aussi s'étonna-t-il, au milieu de la nuit, de les entendre ronfler.

— Qui est là ? demanda-t-il. Qui ose coucher à côté de moi, chez ma mère ?

— Qui es-tu, toi-même, effronté ?

— Mais qui est celui-là ? protestèrent les deux autres frères, en se découvrant l'un l'autre.

Ils ne s'étaient pas rencontrés depuis longtemps, leur voix avait mué, car ils étaient devenus adultes. Dans l'obscurité, ils ne se reconnurent pas. Ils commencèrent à se disputer, ils étaient prêts à en venir aux mains quand leur mère intervint.

— Vous êtes frères, leur dit-elle en allumant sa chandelle. Vous n'allez tout de même pas vous battre ? Attendez, je vais vous réconcilier... J'ai promis en votre nom à l'empereur de lui ramener ses trois filles et de lui rapporter les bijoux du ciel, étoiles, lune et soleil, que les dragons ont volés. La récompense sera magnifique.

— Quelle imprudence, mère ! s'écrièrent les deux aînés, fort effrayés.

— Mais non, nous nous en tirerons, affirma Dragan. Ce ne sera pas facile, mais nous y parviendrons. Mère, va trouver l'empereur et prie-le de te donner cent mètres d'une bonne étoffe de soie.

La mère obéit, le roi accepta et, avec le tissu, les trois frères confectionnèrent une corde épaisse et un berceau, assez grand et assez solide pour supporter le poids d'un homme. Après quoi ils festoyèrent, firent leurs adieux à leur mère et s'en allèrent par les chemins.

Ils traversèrent villes et villages, prés et bocages, fleuves et forêts, pendant trois années entières.

Finalement ils arrivèrent devant le nombril de la terre, par lequel on pouvait communiquer avec l'Autre Monde. C'était un puits si profond qu'on n'en devinait pas le fond.

Les trois frères attachèrent le berceau à la corde. Deux d'entre eux, appuyés contre la margelle, tiendraient solidement la corde, tout en laissant filer dans le puits le berceau où s'assiérait le troisième frère.

— C'est toi l'aîné, c'est à toi de descendre le premier, affirmèrent les deux plus jeunes.

— Entendu, mais si je secoue la corde, remontez-moi immédiatement.

L'aîné s'assit dans le berceau et commença à descendre. Au bout d'une demi-heure, il donna de violentes secousses à la corde. Ses frères le remontèrent.

— Que s'est-il passé ? Qu'as-tu vu ?

— Je n'ai rien vu... J'ai senti, j'ai entendu. C'était affreux. Les serpents sifflaient, les grenouilles coassaient, le froid des profondeurs me transperçait.

Le deuxième frère essaya de descendre. Au bout de deux heures, il secoua la corde.

— C'était affreux. Les serpents sifflaient, les grenouilles coassaient, le froid des profondeurs me paralysait.

Quand ce fut au tour de Dragan, il déclara à ses frères :

— Faites-moi descendre jusqu'au fond. Et attendez-moi le temps qu'il faudra. Quand je reviendrai d'en bas, je secouerai la corde. C'est seulement à ce moment-là que vous devrez me remonter.

Dragan descendit bravement, si bravement qu'à son approche grenouilles et serpents se cachaient, le froid s'évanouissait, la terre se réchauffait, émue par son audace.

Une fois arrivé au fond, Dragan-le-brave enjamba le berceau, s'étira, pirouetta et se transforma en bourdon. Il survola villes et villages, prés et bocages, fleuves et forêts. Il se disait que l'Autre Monde ressemblait fort à notre monde à nous, la terre que nous chérissons tous.

Il vola jusqu'à une maisonnette où il se posa, sur une poutre, au plafond. Là habitait la mère des trois dragons qui avaient pris les bijoux du ciel et enlevé les trois princesses.

La vieille dragonne recevait ses belles-filles et, tout en leur offrant du vin vieux et des petits pâtés à la viande, elle demanda à l'aînée :

— Que prépares-tu pour ton mari quand il rentre le soir ?

— Dès qu'il a franchi le pont d'airain, je lui sers 12 bœufs rôtis, 12 fournées de pain, 12 tonneaux de vin.

— Moi, dit la deuxième des belles-filles, je lui sers 24 bœufs rôtis, 24 fournées de pain, 24 tonneaux de vin, dès qu'il a franchi le pont d'argent.

— Moi, dit la cadette, je sais que mon mari revient, car les naseaux de son cheval lancent des flammes, qui éclairent les environs, et la massue qu'il lance fait trois fois le tour de la maison. Dès qu'il a franchi le pont d'or, je lui présente un verre d'eau-de-vie et une tranche de pain.

Dragan, sur sa poutre, se réjouissait d'apprendre des renseignements si intéressants. Il s'envola par la fenêtre en bourdonnant.

— Avez-vous entendu ce bourdonnement ? s'écria la vieille. C'est Dragan-le-brave changé en bourdon. Dans les anciens livres, il est écrit qu'il luttera victorieusement contre nous. Il est parti, cependant méfions-nous.

En effet Dragan, entendant son nom, était revenu, sans se faire remarquer, sous le porche de la maison.

— Oh, dit l'aînée des belles-filles, je ne le crains pas. Je sais comment venir à bout de lui. Je me changerai en puits, je le forcerai à boire. Quand il boira, il mourra.

— Moi, dit la deuxième, je me changerai en un beau pommier aux pommes dorées. Je le forcerai à croquer une pomme. Quand il la croquera, il mourra.

— Moi, dit la troisième, je serai un grand brasier, flambant d'un bout à l'autre du monde. Je le brûlerai.

— Folles que vous êtes ! s'exclama la vieille. Ne savez-vous pas que Dragan-le-brave, frappant de son sabre à droite et à gauche, saura se frayer passage ?... Non, c'est moi seule qui le vaincrai.

— Et comment ferez-vous ?

— J'ouvrirai si grand la bouche qu'elle touchera à la fois la terre et le ciel. Alors j'attraperai Dragan, je l'avalerai, le digérerai et il pourrira dans mon estomac !

Dragan, sachant tout ce qu'il lui fallait savoir, s'en alla et ne revint pas. Ayant repris sa forme humaine, il se mit en route et marcha longtemps, traversant villes et villages, prés et bocages, fleuves et forêts, à la recherche du pont d'airain.

Vers le soir, il arriva dans un pré où un bouvier gardait ses bœufs.

— Ami, lui dit-il, sais-tu où se trouve le pont d'airain ? Connais-tu le dragon qui vit de l'autre côté ?

— Si je le connais ! Le dragon lui-même m'a chargé de vous dire qu'avant de le rencontrer vous deviez commander un repas, assez copieux pour vous satisfaire tous les deux : 24 bœufs, 24 fournées de pain, 24...

— Eh bien qu'attends-tu ? Va vite nous chercher à manger et à boire !

Quand le repas fut servi, le dragon se présenta. En signe de bienvenue, il serra la main de Dragan, si violemment que les doigts du brave en furent soudés les uns aux autres. Dragan rendit sa politesse au dragon, à son tour lui serra la main et, cette fois, le sang coulait des doigts du monstre.

Ensuite ils passèrent à table. Le dragon avala en un rien de temps une cuisse entière de bœuf. Lorsqu'il eut fini d'en ronger l'os, il le brandit et en frappa subitement Dragan.

Le brave chancela sous le coup mais ne se démonta pas. Il se hâta de finir son morceau, prit son os de bœuf et, le maniant comme une massue, assomma le dragon dont la tête s'enfonça dans le sol. Dragan eut juste le temps de le rattraper par les cheveux pour lui couper le cou. Aussitôt deux étoiles s'échappèrent des vêtements du monstre. Dragan les mit dans sa chemise.

Le bouvier s'approcha en criant :

— Merci, oh merci, brave ! Tu m'as délivré de l'esclavage dans lequel me tenait le dragon.

— Désormais c'est toi qui seras le maître de son domaine, déclara Dragan.

Et il s'en alla par les chemins de l'Autre Monde et traversa villes et villages, prés et bocages, fleuves et forêts, à la recherche du pont d'argent. Enfin il se trouva devant.

Au moment où il allait le franchir, un homme l'en empêcha.

— Où vas-tu, brave ?

— Je vais chez le dragon.

— Attends. Auparavant tu dois monter un étalon et faire trois fois le tour du monde. C'est moi qui garde les chevaux du dragon. Choisis celui que tu veux.

Dragan choisit le plus âgé des étalons, qui possédait 99 cœurs et avait 99 ans. Il le saisit par la crinière, d'un saut monta sur son dos et commença à galoper. Ils firent trois fois le tour du monde, à la vitesse du vent, laissant sous leurs pas dans le sol tremblant des traces profondes.

Au bout du troisième tour, Dragan revint. Il s'approchait du pont d'argent, mais il en était encore loin, quand son étalon écumant se mit à hennir. Au bruit, le dragon surgit, à cheval lui aussi. Comme il lançait sa monture pour franchir le pont, l'animal trébucha. Le dragon tomba, hurla :

— Va-t'en au diable, sale bête ! Car tu m'as trompé, je ne vois personne... Dragan n'est pas là. Mais il ne perd rien pour attendre. C'est le meurtrier de mon frère. Je me vengerai.

— Cesse d'aboyer, monstre maudit. Me voilà, dit Dragan-le-brave, en descendant de son coursier. Choisis ton arme et battons-nous.

— Choisis toi-même. L'épée ou le fusil ?

— L'épée est l'arme des seigneurs, le fusil celle des voleurs. Luttons à mains nues, en vaillants. Ce sera plus franc.

— Comme tu veux.

Ils luttèrent pendant des heures. Tantôt l'un, tantôt l'autre avait le dessus. À la fin, Dragan fut vainqueur et décapita le maudit. Aussitôt sur le sol tomba la lune, que le brave mit dans sa chemise, à côté des deux étoiles, puis il donna les terres du dragon au gardien des chevaux et s'éloigna, à la recherche du pont d'or.

Dragan s'en fut par villes et villages, prés et bocages, fleuves et forêts et finit par trouver le pont d'or, qu'un valet gardait.

— Arrête-toi, brave ! l'avertit le valet. Si tu veux rencontrer le dragon, il te faut auparavant manger les prunelles, qui sont dans cette écuelle.

Dragan s'assit contre un buisson et commença à manger. Le dragon alors sortit des bois au galop. Il regardait partout sans voir le brave, s'avança sur le pont, qui trembla à son passage. Quand il arriva au milieu, son cheval trébucha et il tomba. Fou de rage, il vociféra :

— Va-t'en au diable, sale bête ! Car tu m'as trompé. Je ne vois personne... Dragan, le seul que je craigne, Dragan n'est pas là. Et il ne sera pas là avant des années, il est bien trop jeune.

— Je suis là, maudit, fit Dragan en se levant, assez vieux pour te combattre !

— Soit. Mais d'abord, finissons les prunelles.

De part et d'autre de l'écuelle, qui contenait les petits fruits bleus, le dragon et Dragan s'installèrent. Quand le premier avalait une bouchée, le second en avalait deux. À ce rythme, ils eurent bientôt fini.

Ensuite ils se battirent à l'épée, sans pouvoir se départager, car le dragon était brave, lui aussi.

Ils se transformèrent en béliers, chacun sur une colline. Les coups de cornes qu'ils échangeaient ébranlaient la campagne, mais il n'y avait ni vainqueur ni vaincu. Que faire ?

— Reposons-nous quelques instants, décidèrent-ils ensemble.

Dragan redevint le brave qu'il était et s'assit à côté de son épée sur l'herbe verte. Le dragon, lui, se métamorphosa en un monstre à six têtes. Il lui suffisait, pour se reposer, que trois de ses têtes dorment, que les trois autres veillent et qu'elles changent de position à intervalles réguliers.

Quand Dragan comprit le fonctionnement de ces têtes, il profita du moment où trois d'entre elles s'éveillaient quand les trois autres s'endormaient pour faucher les six d'un seul coup d'épée.

Aussitôt sur le sol roula le soleil, que Dragan mit dans sa chemise, avec la lune et les étoiles. Le valet du dragon remercia vivement le brave de l'avoir délivré du monstre. Enfin Dragan s'éloigna et reprit sa marche, traversant villes et villages, prés et bocages, fleuves et forêts.

En route il eut soif, se pencha sur un puits qui justement se trouvait là. C'était un puits à la margelle de marbre blanc, à l'eau plus transparente que les larmes. Il allait boire, mais il se souvint à temps de la conversation surprise dans la maisonnette de la vieille dragonne. De son épée il transperça l'eau du puits. Et du sang en jaillit.

Un peu plus loin, il se sentit fatigué, il eut faim. Il faillit s'étendre à l'ombre d'un pommier, qui justement lui offrait ses pommes dorées. Mais il se souvint de la conversation surprise dans la maisonnette. De son épée il coupa les branches de l'arbre. Et du sang en jaillit.

Dragan-le-brave poursuivait son chemin lorsqu'un mur de feu se dressa devant lui. Il n'avait pas oublié la conversation dans la maisonnette, il lança de grands coups d'épée dans les flammes. Du sang en jaillit et le feu s'éteignit.

Pourtant Dragan sentait son dos brûler. Il se demandait pourquoi, soudain il comprit : c'était la vieille mère des dragons qui le poursuivait de son souffle brûlant, la gueule grande ouverte. Comment lui échapper ? À qui demander de l'aide ?

Il se rappela alors que le frère de sa mère, le forgeron Kozma-Dimire, habitait dans l'Autre

Monde. Au cœur d'une contrée de miel et de neige s'élevait sa forge.

Dragan pressa le pas, il courait presque. Son oncle entendit ses pas, le fit entrer, puis, au nez de la vieille, claqua la porte, qu'il verrouilla. Après quoi, entouré de ses douze aides, il retourna à son travail.

À la demande de Dragan, ils fabriquèrent une massue de fer énorme, pesant plus d'une tonne. Pendant qu'ils s'activaient autour du feu, la mère des dragons, derrière la porte, suppliait le forgeron :

— Hé, Kozma-Dimire, laisse-moi voir ton neveu ! C'est lui qui a tué mes fils, forts comme des chênes, leurs femmes, belles comme des fleurs, et repris les bijoux du ciel, étoiles, lune et soleil. C'est lui qui est le plus vaillant. Perce un trou dans le mur, grand maître forgeron, que je puisse l'admirer à mon aise.

Kozma-Dimire perça un trou dans le mur, assez grand pour que la sorcière y passe la tête, tandis que ses aides approchaient avec la massue, chauffée à blanc.

La sorcière n'eut pas le temps d'ouvrir sa grande bouche pour avaler Dragan : déjà les forgerons l'avaient attrapée. Ils la battirent comme fer, la martelèrent, la mirent en pièces, la réduisirent en cendres et les cendres furent éparpillées aux vents.

Dragan-le-brave remercia Kozma-Dimire et ses aides et reprit son chemin, passant par villes et villages, prés et bocages, fleuves et forêts, à la recherche des trois filles de l'empereur.

Il arriva enfin dans une vallée où les dragons tenaient les princesses enfermées, chacune dans un verger.

Lorsque Dragan-le-brave entra dans le verger d'airain, il frappa le sol de sa massue et tous les fruits tombèrent, et les trésors du dragon se transformèrent en trois pommes rondes, faciles à emporter.

— Que fais-tu là, beau-frère ? demanda l'aînée des princesses, en sortant de sa maison. Pourquoi t'en prends-tu à mes fruits ?

— Plutôt que de m'en vouloir, tu ferais mieux de me verser à boire ! répondit Dragan. Je suis venu te délivrer. Et puisque tu m'as appelé beau-frère, tu deviendras l'épouse de mon frère aîné. Il nous attend là-haut, appuyé à la margelle du puits, dans notre monde à nous, la terre que nous chérissons tous.

Dragan entra ensuite dans le verger d'argent. La même scène se reproduisit et il promit à la deuxième des princesses de lui faire épouser son deuxième frère.

Mais quand il arriva dans le verger d'or, qu'il ébranla le sol de sa massue et transforma tous les trésors en pommes, la plus jeune des trois princesses sortit de sa maison et lui dit :

— Mon bien-aimé, pourquoi agis-tu ainsi ?

— Puisque tu m'as appelé bien-aimé, c'est toi que j'épouserai !

Et sans attendre le mariage, ils s'aimèrent aussitôt.

Au bout de quelques jours, Dragan-le-brave se dirigea avec les trois princesses vers l'endroit où l'attendaient ses frères, le nombril de la terre, ce puits profond qui permet aux deux mondes de communiquer, celui du dessous, l'Autre, et celui du dessus, le nôtre.

Dragan fit remonter par le berceau et par la corde l'aînée et la deuxième des princesses, chargées des trésors des dragons. Les deux frères les questionnèrent et s'extasièrent à l'idée d'avoir de si belles et si riches épouses.

Dragan voulut ensuite faire remonter la cadette, sa femme, avant lui. Il serait le dernier à retrouver la terre qui lui était si chère.

— Écoute-moi bien, Dragan-le-brave, lui dit-elle avant de s'asseoir dans le berceau. Méfie-toi de tes frères. Ils peuvent être jaloux de ta bravoure, de tes victoires, de ta chance et de tes richesses. Mets dans le berceau une pierre à ta place et observe ce qu'ils vont faire.

Le brave suivit le conseil de la princesse et posa dans le berceau une pierre aussi lourde qu'un homme et coiffée de son chapeau. Il attendit. Comme sa femme l'avait pressenti, ses frères coupèrent la corde et la pierre dégringola, avant d'éclater en morceaux. Ne parlons pas du chapeau !

Alors Dragan que rien n'avait jamais ému ni étonné, Dragan qui avait affronté tant de dangers, Dragan-le-brave se mit à pleurer.

— Mes frères ne m'ont jamais aimé, se plaignait-il. Que vais-je devenir loin de la terre que je chéris ? Sans ma bien-aimée… Et ma mère, la reverrai-je un jour ?… Où vais-je aller ? Je n'en sortirai donc jamais !

(Et moi non plus, moi qui vous conte cette histoire interminable, je n'en sortirai jamais. Pourtant mes invités attendent devant la porte, les bras chargés de petits pâtés à la viande et de tonneaux de vin vieux… Allons, je vais me dépêcher…)

Dragan retourna donc chez son oncle, Kozma-Dimire, qui était plein de sagesse.

— Va chez le père Odoleane, lui conseilla Kozma-Dimire. C'est un être bizarre : pendant cent ans, comme à présent, c'est un vieillard. Les cent années suivantes, c'est un enfant. Les dragons que tu as tués étaient ses fils. Il t'en veut. Sois prudent. S'il te tend la main, ne lui tends pas la tienne. Donne-lui, à la place, ce soc que je viens de forger. Ainsi, le vieux ne pourra te blesser. Ensuite cherche dans son domaine le pommier de vie qui monte sur la terre et y demeure quelques minutes, une fois l'an, le jour de la Saint-Jean. Si tu t'étends sous ses branches, l'arbre te transportera jusqu'au pays que tu aimes et tu retrouveras les tiens. Et maintenant, va.

Dragan marcha, marcha, marcha, traversa villes et villages, prés et bocages, fleuves et forêts et finit par trouver le père Odoleane, qui s'écria en le voyant :

— Ah, te voilà, Dragan-le-brave ! Toi, le vaillant qui as vaincu mes fils, forts comme des chênes, leurs épouses, belles comme des fleurs, et ma vieille femme, qui était sorcière. Ce serait un honneur pour moi de serrer la main d'un brave tel que toi...

Au lieu de sa main, Dragan tendit le soc. Le père Odoleane l'empoigna avec tant de force que de ses doigts trois gouttes de sang tombèrent. Une grande flamme en jaillit, qui enveloppa le vieillard et le changea en une fleur monstrueuse. (Si vous allez dans l'Autre Monde, vous pourrez la voir encore aujourd'hui !)

À ce moment surgit la servante du père Odoleane. Elle dirigeait un coq et un chat, attelés à une brouette de verre.

— Merci, merci, Dragan-le-brave ! s'exclama-t-elle. Tu m'as délivrée de l'esclavage dans lequel me tenait le vieux. Que puis-je faire pour toi ?

— Eh bien, ma jolie fille, tu peux me conduire jusqu'au pommier de vie, pour que j'y sois le jour de la Saint-Jean.

— Monte dans ma brouette, brave, et nous t'y conduirons.

Ainsi fut fait et quand il arriva sous le pommier, Dragan, épuisé, s'endormit. Pendant son sommeil, l'arbre le monta à la surface de la terre, cette terre que nous chérissons tous.

Lorsque Dragan s'éveilla, le pommier de vie retournait déjà dans l'Autre Monde. À peine si le brave put en voir disparaître les dernières petites branches dorées. Dragan se mit en marche et, par les chemins de la terre, par les villes et les villages, les prés et les bocages, les fleuves et les forêts, il se rendit jusqu'au palais de l'empereur, s'agenouilla devant celui-ci et lui dit :

— Votre Majesté, je viens vous rendre les bijoux du ciel, que les dragons vous avaient pris. Les voici.

Il sortit de sa chemise le soleil, la lune et les étoiles. Aussitôt la lumière inonda le pays.

— Sire, en échange, accordez-moi la main de votre fille cadette.

— Je le veux bien, fit l'empereur, mais où est-elle ? Où sont ses sœurs ? Tu ne me les as pas ramenées !

— Elles sont sans doute chez mes frères. Je vais les chercher.

En route, près de la maison de ses frères, Dragan rencontra un petit berger. Vêtu de haillons, l'air affamé, il gardait des porcs.

— Qui es-tu ? lui demanda Dragan.

— Bon voyageur, je peux te le dire, mais tu ne connais sûrement pas mon père.

— Dis tout de même.

— Il s'appelle Dragan-le-brave.

— Dragan-le-brave !... Mais où se trouve-t-il ?

— Il est resté dans l'Autre Monde.

— Tu le reverras un jour.

— Je ne crois pas, car personne ne revient de cet endroit-là.

— Qu'en sais-tu ?... Et ces porcs que tu gardes, à qui sont-ils ?

— Ils appartiennent aux deux boyards, les puissants seigneurs, frères aînés de Dragan-le-brave. C'est un dur travail que de soigner ces bêtes.

— Es-tu bien nourri, au moins, quand tu rentres le soir ?

— Malheur à moi ! Quand je rentre le soir, je dois disputer aux chiens les restes qu'on me lance.

— Et ta mère, où est-elle ?

— Elle travaille. Elle est la servante des boyards.

— Conduis-moi tout de suite auprès d'eux.

— Si tôt ? Ce n'est pas encore l'heure de rentrer... On va me battre. J'ai peur.

— Ne crains rien. Je suis avec toi.

Dès qu'ils aperçurent l'enfant, les deux frères accoururent et commencèrent à le gronder, le fouet levé.

— Arrêtez, ne le frappez pas ! cria Dragan. Vous ne me reconnaissez pas ? Je suis le père de cet enfant, votre frère, Dragan-le-brave.

Les deux boyards furent épouvantés. Dragan réunit tous leurs serviteurs et tous les paysans des alentours et, s'étant fait reconnaître, organisa une cour de justice.

Les deux frères, qui avaient causé tant de souffrances et qui étaient de mauvais maîtres, furent condamnés à mort. Chacun d'eux fut attaché à la queue d'un cheval sauvage. Dragan cingla les bêtes, qui s'enfuirent au galop, et les boyards furent déchirés par les ronces et par les rochers.

Dragan-le-brave retrouva sa mère, qui avait toujours cru à son retour. Il épousa celle qu'il aimait, la fille cadette de l'empereur, et ils vécurent heureux avec leur fils. Plus tard, Dragan devint empereur à son tour.

*Ainsi finit mon histoire.*
*Et maintenant je peux boire*
*Du vin vieux, rire et chanter,*
*Régaler mes invités !*

# Bibliographie

*Les Contes populaires du Poitou,* Léon Pineau, Éd. Brissaud, Poitiers, 1989.
(La truie maligne)

*Histoires merveilleuses des cinq continents,* Ré et Philippe Soupault, Éd. R. Laffont, 1975, et Pocket, 1997.
(Le mari nigaud)

*Stories from South Uist,* Angus Mac Lellan, repris dans *Folk Tales of the British Isles,* Michael Foss, Book Club Associates, London, 1977.
(« À Kintail et vite ! »)

*Contes de Norvège,* P. C. Asbjørnsen et J. Moe, Éd. Esprit Ouvert, 1995.
(Askeladd et le troll)

*Contes de l'Allemagne médiévale,* D. Buschinger, J. M. Pastré et W. Spiework, Éd. Stock/Moyen Âge, 1988.
(Le méchant juge)

*Contes des peuples des républiques baltes,* Zoïa Zadounaïskaïa, Éd. Radouga, Moscou, 1987.
(Les trois nœuds)

*The Folklore of Ireland,* Sean O'Sullivan, repris dans *Folk Tales of the British Isles,* Michael Foss, Book Club Associates, London, 1977.
(Le vaillant guerrier)

*Contes et légendes du pays roumain,* B. Nortines, Éd. F. Nathan, 1946.
(L'Arapusca)

*Dictionary of British Folk Tales,* Katharine Briggs, repris dans *Folk Tales of the British Isles,* Michael Foss, Book Club Associates, London, 1977.
(La vieille dans la bouteille)

*Contes de l'Italie du Nord,* Italo Calvino, Éd. Denoël, 1981.
(Le crabe enchanté)

*Contes turcs*, Pierre Boratov, Éd. Erasme, repris dans *365 Contes pour tous les âges*, Muriel Bloch, Éd. Hatier, 1986.
(Le corbeau piqué à la patte)

*Contes populaires russes*, extraits du recueil d'Alexandre Afanassiev, Éd. Radouga, Moscou, 1985.
(Le soldat Tarabanov)

*Contes catalans*, Joan Amades, Éd. Erasme, Paris, 1957.
(Le roi Macip)

*Catalogue raisonné du conte grec*, Anna Angelopoulou et Aegli Brouskou, Archives historiques de la jeunesse grecque, Athènes, 1995.
(La fille malchanceuse)

*Contes populaires moldaves*, Gr. Botezatou, Litteratura Artistika, Kichinev, 1981.
(Dragan-le-brave)

## Françoise Rachmuhl

L'auteur aime les contes depuis toujours. Elle aime les écouter dès son enfance lorraine, les inventer, les lire. Plus tard, elle se mettra à en écrire. Au cours de ses nombreux voyages, elle a recueilli récits traditionnels et légendes, dits ou publiés en français ou en anglais (elle a séjourné aux États-Unis). Elle a publié pour la jeunesse une dizaine de recueils de contes de différents pays ou des provinces de France. Après avoir longtemps travaillé dans l'édition scolaire, elle anime actuellement dans des classes des ateliers d'écriture de contes ou de poésie.

Du même auteur :
*13 contes et récits d'Halloween*
*18 contes de la naissance du monde*
*16 métamorphoses d'Ovide*

*18 contes de Cuba*
*La légende de Tristan et Yseut*
*15 légendes extraordinaires de dragons*
*15 contes et légendes des fées*
*16 nouvelles métamorphoses d'Ovide*
*13 histoires de vampires*
*La Bible en 15 récits*
*15 récits de sorcières et de revenants*

## Frédéric Sochard

L'illustrateur est né en 1966. Après des études aux Arts Décoratifs, il travaille comme infographiste et fait de la communication d'entreprise, ce qui lui plaît beaucoup moins que ses activités parallèles de graphiste traditionnel : création d'affiches et de pochettes de CD. Depuis 1996, il s'auto-édite, et vend « ses petits bouquins », de la poésie, sur les marchés aux livres... Pour le plaisir du dessin, il s'oriente vers l'illustration de presse et la jeunesse. Incontournable chez Flammarion, Frédéric Sochard a illustré des livres d'activités et de nombreux récits de contes et légendes dans la collection « Flammarion Jeunesse ».

## Table des matières

Introduction ........ 7

La truie maligne ........ 11
Le mari nigaud ........ 23
« À Kintail et vite ! » ........ 31
Askeladd et le troll ........ 39
Le méchant juge ........ 49
Les trois nœuds ........ 55
Le vaillant guerrier ........ 65
L'Arapusca ........ 79
La vieille dans la bouteille ........ 87
Le crabe enchanté ........ 93
Le corbeau piqué à la patte ........ 103
Le soldat Tarabanov ........ 109
Le roi Macip ........ 123
La fille malchanceuse ........ 139
Dragan-le-brave ........ 147

Bibliographie ........ 169

Françoise Rachmuhl .......... 173
Frédéric Sochard .......... 175

# CONTES, LÉGENDES ET RÉCITS

Écoutons la voix des conteurs
qui nous font vivre
de fabuleuses histoires.

TITRES DÉJÀ PARUS

Flammarion jeunesse

## 10 CONTES DES MILLE ET UNE NUITS

Michel Laporte

Il était une fois la fille du grand vizir, Schéhérazade,
qui toutes les nuits racontait au prince une nouvelle histoire
pour garder la vie sauve. Ainsi, naquirent Ali Baba
et les quarante voleurs, La fée Banou ou Le petit bossu...
Ces dix contes, aussi merveilleux que célèbres,
nous plongent au cœur de l'univers féerique
des Mille et Une Nuits.

*« Ali Baba entra dans la grotte ; la porte se referma derrière lui, mais cela ne l'inquiétait pas car il savait comment l'ouvrir. Il s'intéressa seulement à l'or qui était dans des sacs. »*

**10 CONTES DU TIBET**
Jean Muzi

Dans les hauteurs et sur les plateaux du Tibet, il est possible de croiser au détour d'un chemin monstres sacrés, crapauds réincarnés et autres princes répudiés... Ces récits légendaires ouvrent les portes d'un imaginaire surprenant et poétique, où la sagesse et la ruse tiennent une place essentielle. Dix contes pour faire entendre la voix de la culture tibétaine.

*« C'est alors que le crapaud ouvrit la bouche. Et au lieu de son habituel cri métallique, il en sortit de vraies paroles qui émurent tant la vieille femme que des larmes de joie perlèrent sur ses joues ridées. »*

**12 RÉCITS DE L'ILIADE ET L'ODYSSÉE**
Homère, adapté par Michel Laporte

Généreux et colériques, fragiles et forts, les héros homériques sont humains ! Douze récits passionnants qui nous plongent au cœur des combats d'Achille et d'Hector, durant la guerre de Troie, et nous font voyager aux côtés d'Ulysse lors de son extraordinaire épopée. Des histoires qui, depuis l'Antiquité grecque, suscitent la même fascination...

*« Je reconnais bien là ton cœur de fer. Mais prends garde à la colère des dieux ! Le jour est proche où, si brave que tu sois, tu périras à ton tour ! »*

Flammarion jeunesse

## 13 CONTES DU CORAN ET DE L'ISLAM

Malek Chebel

De la naissance du Prophète Mahomet à son ascension au ciel, treize récits pour découvrir l'islam. Les figures les plus célèbres, Abraham ou Abou Bakr, y côtoient des personnages de contes comme Sindbad le Marin et son géant farceur. Tous ces récits ont en commun leur message, un message de lumière...

*« Ismaël était né. Beau, comment pouvait-il en être autrement ? L'enfant est roi dans tout l'Orient, mais celui-ci était l'enfant d'Abraham. Hagar dit : il sera prophète comme son père ! »*

## 30 CONTES DU VIÊT-NAM

Nguyên-Xuân-Hùng

Pourquoi le tigre a-t-il des rayures ? Quelle est l'origine des singes aux fesses rouges ? D'où viennent les moustiques ? Les contes de ce recueil nous transportent des rizières embrumées aux temples cachés dans la jungle, pour nous plonger au cœur d'un mystérieux Viêt-nam. Un merveilleux voyage dans les profondeurs de l'Asie !

*« Le buffle, qui assistait à la scène, fut pris d'un fou rire. Il riait en secouant si fortement sa lourde tête qu'il cogna sa mâchoire par terre à s'en casser les dents. »*

Flammarion jeunesse

**LES DIEUX S'AMUSENT**
Denis Lindon

Un précis de mythologie aussi savant que souriant.
Un livre passionnant, drôle et instructif qui permet de découvrir les plus belles histoires du monde : les amours de Jupiter, les travaux d'Hercule, les colères d'Achille, les ruses d'Ulysse... Des récits qui nous font pénétrer dans l'univers extraordinaire de ces drôles de héros !

*« Muni de son arc et de sa massue, Hercule se mit à la recherche du lion de Némée et le trouva bientôt. Il tenta d'abord de le tuer à coup de flèches, mais la peau du lion était si épaisse que les flèches n'y pénétraient pas. »*

Flammarion jeunesse

**9 HÉROÏNES DE L'ANTIQUITÉ**

Brigitte Heller-Arfouillère

Derrière chaque héros, chaque dieu de l'Antiquité, se trouve l'histoire d'une femme. À travers récits, l'auteur nous livre leurs colères, leurs amours, leurs espoirs...
Tour à tour possessives, insoumises ou terribles, ces neuf personnalités bien différentes sont pourtant liées par un but commun : celui de mener leur vie selon leur désir quoiqu'il en coûte.

*« Didon demanda aide aux dieux, hésitantes. Elle doutait de tout à présent. Qui dirigeait vraiment sa vie ? Elle, reine de Carthage, ou tous ceux à qui l'on offrait des sacrifices afin qu'ils vous épargnent le pire des destins ? »*

Flammarion jeunesse

## L'ÉPOPÉE DE GILGAMESH EN 8 RÉCITS

Jean Muzi

À Uruk, le roi Gilgamesh terrorise le peuple
par ses injustices et sa violence. Un jour, le colosse Enkidu,
un être sauvage devenu civilisé se mesure à lui.
De ce combat sans vainqueur, tant leurs forces sont égales,
naît une amitié unique qui les change profondément.
À eux deux, ils accompliront les exploits les plus dignes
et affronteront les pires dangers.

*« Ils se trouvèrent face au monstre qui avait surgi de l'ombre.
Il avait la tête d'un lion, les dents acérées d'un dragon
et de puissantes serres prolongeaient ses membres inférieurs.
Ils mesurèrent alors l'ampleur du défi qu'ils avaient engagé. »*

Flammarion jeunesse

**11 CONTES DES ÎLES**
Thierry Delahaye

Tantôt accueillantes, tantôt malveillantes, les îles intriguent, fascinent et effraient ceux qui s'y échouent. Histoires d'hommes et de dieux, ces onze récits nous transportent aux quatre coins du monde dans des cités disparues et rêvées. L'auteur nous conte la légende de ces îles dans lesquelles celui qui s'aventure pourrait bien rester à jamais...

*« Un éclair déchira la voûte obscure et, dans un embrasement une montagne apparut. C'était la lumière après les ténèbres, le soleil après l'orage, le refuge après la peur. Dans la lueur divine, l'île se dessinait. »*

Flammarion jeunesse

**21 CONTES DE PROVENCE**
Jean Muzi

En Provence, gare à celui qui agit par intérêt, jalousie ou bêtise. Dans ces terres dominées par des forces mystérieuses, il sera sévèrement puni par le coup du sort, si ce n'est par sa propre ruse. Ces vingt et un contes nous apprennent vite que l'honnêteté et la générosité l'emportent sur la malice, et que l'intelligence peut nous sauver de bien des situations périlleuses.

*« Elle poussa un long cri et eut le sentiment que les cigales s'étaient tues pour l'écouter. C'est là qu'elle mit au monde un beau garçon. Et comme il était né parmi les branches d'arbres, les feuilles et les ramilles, on l'appela Ramillon. »*

Flammarion jeunesse

Imprimé à Barcelone par:

BLACK PRINT

Mise en page par Meta-systems
59100 Roubaix

Dépôt légal : septembre 2013
N° d'édition : L.01EJEN000973.N001
Loi n° 49-956 du 16 juillet 1949
sur les publications destinées à la jeunesse